AF284643

Werner Kopp

Abgefahren

Tatsachen-Skurriles-
Episoden
von gestern und heute

*Bibliographische Information der Deutschen
Nationalbibliothek:
Die Deutsche Nationalbibliothek verzeichnet
diese Publikation in der Deutschen
Nationalbibliographie; detaillierte
bibliographische Daten sind im Internet über
http://dnb.dnb.de abrufbar*

Abgefahren

Coverfoto: Volker Westphal

Herstellung und Verlag:
BoD-Books on Demand, Norderstedt

ISBN 978-3-7528-2244-1

Inhaltsverzeichnis

Abgefahren

Jedes Leben hält eine bedeutungsvolle Reise bereit, auf die ein Mensch gehen sollte. Wenn er in der Welt dort ankommen möchte, wo für ihn die größten Träume und Wünsche für ein glückliches Leben verborgen sind – und zur Realität werden könnten.

Das Geschenk „ Leben" ist wie ein wunderbares Musikstück, wird aber leider oftmals nicht wahrgenommen. Und irgendwann wird der letzte Akkord gespielt – und es ist zu spät.

Dieses Geschenk verkümmert bei vielen Menschen, sie machen davon keinen Gebrauch und verbringen ihr ganzes Leben in trauriger Unzufriedenheit an einem Ort.

Heute wissen wir, dass der Wind des Lebens immer das richtige Gespür und den Zeitpunkt findet, um die größten Probleme des Alltags zu lösen.

Manchmal bekommen wir nicht das, was wir im Augenblick möchten, weil das Leben für uns etwas Besseres geplant hat. Wir müssen auf die Suche gehen.

Reise der Reise wegen, wir folgen dem Weg, wir lassen uns treiben, wir vergessen das Ziel.

In dieser fremden Welt sollten wir jetzt unsere Fantasie auf Reisen gehen lassen. Sie wird uns dort hinführen, wo „Leben" gelebt wird.

Auch wenn wir die fremde Sprache nicht verstehen - dann lächelt die Menschen an. Ein ehrliches Lächeln wird stets zum besten Dolmetscher.

Hauptsache ist aber, wir haben die richtige Entscheidung getroffen und sind auf dieser Reise ins wahre Leben abgefahren.

Das erste Mal

Diese drei Worte sind für ein Lebewesen auf unserem blauen Planet die erste Erfahrung - im positiven, wie auch im negativen Sinn. Dabei muss das erste Mal nicht, wie oftmals volkstümlich interpretiert, im Zusammenhang mit Sexualität stehen.

Es bedeutet vielmehr, für jedes Individuum für sich die Welt zu entdecken, um sie näher mit ihren Sonnen- und Schattenseiten kennenzulernen.

Die ersten Begegnungen mit fremden Menschen, Erlebnisse, sogar im Geruchs- und Geschmacksbereich sind ein Leben lang prägend und beeinflussen oftmals unbewusst die Entscheidungen im konstruktiven Werdegang einer Person. Für mich wurde ein erstes Fahr,- Geruchs,- und Geschmackserlebnis in der Jugendzeit unvergesslich und fortan zur Triebfeder, um dieses in vollem Umfang zu wiederholen. Es mutierte sogar so weit, dass ich mir in den Kopf setzte, bei der ersten Gelegenheit meine Heimat in Bayern zu verlassen.

Olching - Wir schrieben das Jahr 1951.

Es sind bereits sechs Jahre vergangen, dass der zweite Weltkrieg von den Amerikanern siegreich über Deutschland beendet wurde.

Die US Soldaten gehörten zum Straßenbild und waren nicht mehr davon wegzudenken. Hauptsächlich in Bayern waren die truppenstärksten Einheiten der US Army stationiert. Sie wohnten teilweise mit ihren Familien in den US Kasernen, aber auch in angemieteten Wohnungen. Durch den äußerst günstigen Wechselkurs vom Dollar zur D-Mark konnten sie sich jeglichen Luxus leisten.

Die Bundesrepublik befand sich noch im Aufbau, deshalb lebte die Mehrheit der deutschen Bevölkerung in sehr bescheidenen Verhältnissen.

Ich zählte gerade zehn Lenze und hatte endlich auf dem einzigen Fortbewegungsmittel das wir besaßen, nämlich auf einem alten Damenfahrrad, das Radfahren gelernt. Ich wollte es schon viel früher lernen, aber meine kleine Statur ließen alle vorherigen Versuche scheitern. Nun wuchs ich sozusagen in das Fahrrad hinein und es klappte. Welch eine Freude, ich drehte meine ersten Runden, rollte mit einer Leichtigkeit den abschüssigen Weg hinab und fuhr immer weiter zur Ortsmitte von Olching. Ich konnte nicht genug kriegen von diesem Gefühl, ich fuhr das erste Mal mit dem Fahrrad und war fest davon überzeugt, auf der Welt gibt es nichts, was mehr Freude macht.

Ich wurde aber umgehend eines Besseren belehrt, denn plötzlich hielt neben mir ein riesiger amerikanischer Straßenkreuzer, am Steuer ein US Soldat. Dieser stellte mir in gebrochenem Deutsch die Frage, ob ich ihm sagen könnte, wo hier die Familie Graber wohne. Olching war zu damaliger Zeit noch ein kleines Kuhdorf, man kannte sich, so antwortete ich etwas schüchtern: „In der Neufeldstraße am großen Baggersee, ganz in der Nähe von meinem Elternhaus." Ich würde ihm gerne den Weg zeigen, wenn er hinter mir herführe.

„ OH NO" sprach er in seinem amerikanischen Kauderwelsch, „wir legen Bicycle hinten in die Car and you steigen ein and you show me the way."

Er lud mein Fahrrad in den geräumigen Kofferraum und mir blieb nichts anderes übrig, als in den Wagen einzusteigen. Im großzügig ausstaffierten Fond des Wagens nahm ich Platz und versank förmlich in dem weichen Ledersitz. Sehr beeindruckend fand ich die vielen Schalter am Armaturenbrett und die laute Musik, die aus dem Autoradio tönte. Ein merkwürdiger Geruch umgab mich, den ich so noch nie wahrgenommen hatte. Eine Mischung aus kaltem Zigarettenrauch, Leder und süßlichem Parfüm drang in meine Nase.

Der US Soldat startete den Wagen und wir fuhren nach meinen Anweisungen in Richtung Neufeldstraße, dabei blubberte der PS starke Motor leise vor sich hin.

Ich genoss diese erste Fahrt in so einem Luxusauto und wähnte mich wie in einer anderen Welt. Plötzlich schoss es mir in den Kopf, wenn ich erwachsen bin, werde ich nach Amerika auswandern und auch so ein Auto fahren.

Unser Häuschen stand weit außerhalb von Olching, sehr entlegen an der Westseite des Baggersees.

Am gegenüberliegenden Ufer wohnte die Familie Graber mit ihren drei Töchtern, sie waren im heiratsfähigen Alter.

Ich zeigte auf das Haus der Familie und der Amerikaner stoppte den Wagen davor. Er hupte kurz, wir stiegen aus und er hievte mein Fahrrad aus dem Kofferraum. Nun schickte ich mich eben an, damit wegzufahren. Da rief er: „Wait a moment" und öffnete die Beifahrertür, fasste in das Handschuhfach, dabei brachte er eine Tafel Schokolade hervor und schenkte sie mir. So etwas hatte in meiner Kindheit einen sehr hohen Stellenwert, denn es gab in damaliger Zeit für mich immer nur ein kleines Stückchen Schokolade und nie eine ganze Tafel.

Mein freudiges Dankeschön ging unter, als plötzlich die drei Töchter der Familie Graber, grell geschminkt, eine süßliche Parfümwolke verbreitend, auf den Wagen zustürmten.

Sie begrüßten den Uniformierten überschwänglich in englischer Sprache und ließen sich scherzend in die Polster des Wagens fallen.

Mit Kavaliersstart, durchdrehenden Rädern und eine große Staubwolke hinterlassend, verschwand der Wagen dann aus meinem Blickfeld.

Man klärte mich in späteren Jahren darüber auf, dass die deutschen Fräuleins hauptsächlich den US Besatzern aus einem Grund sehr zugetan waren, weil sie sich bei ihnen große Vorteile verschaffen konnten. Die Amys versorgten deren Familien mit Lebensmittel, Schnaps, Zigaretten, Schokolade und einer damaligen besonderen Rarität, nämlich Nylonstrümpfe. Abgesehen davon waren sie auch für ein paar Dollars für ihre Liebesdienste zu haben.

Es konnte mir egal sein, ich verdankte diesem Umstand, dass ich eine Tafel Hersheys Schokolade aus Amerika geschenkt bekam.

Durch das braune Glanzpapier fühlte ich mit dem Zeigefinger die Einkerbungen der einzelnen Riegel und roch mehrmals daran.

Ein feiner aromatischer Schokoladenduft, mit einem Hauch von Vanille schmeichelte meinen Geruchsnerven. Trotzdem sperrte es sich in mir, dieses filigrane Etwas auszupacken, denn ich hatte dabei die Befürchtung, den Schriftzug auf dem Schokoladenpapier zu zerstören.

Das Verlangen nach dem Inhalt wurde dann doch größer als meine Bedenken - und ich öffnete die Verpackung. Mit geschlossenen Augen führte ich das erste Stückchen Schokolade zu meinem Mund.

Ein zarter Schmelz tat sich auf meiner Zunge auf, nicht zu süß, aber doch das Verlangen schürend, mehr von der Köstlichkeit zu verzehren. Es wurde mir nicht möglich, meine Begierde unter Kontrolle zu bekommen. So geschah es: Ich hatte das erste Mal eine ganze Tafel Schokolade auf einmal verspeist.

Die leere Verpackung bewahrte ich jahrelang mit dem Gedanken und Vorsatz auf, sie sollte mich stets daran erinnern, dass ich nach Amerika auswandere. Mein Plan war, dort zu arbeiten, einen Straßenkreuzer zu kaufen, den Kofferraum mit Hersheys Schokolade zu beladen, um sie dann nach und nach im Auto zu genießen.

Durch diesen still gehegten, kindlichen Wunsch, richtete ich im jugendlichen Alter mein berufliches Ziel so aus, um damit in Amerika Fußfassen zu können und meinen Kindheitstraum zu verwirklichen.

Der Ball

Wenn ich sage „der Ball", dann ist es nicht ein X-beliebiger Ball. Dann meine ich den Ball der Bälle, den König Fußball. Ein faszinierendes Stück Leder in die Form eines Balls gebracht, mit magnetischer Anziehungskraft, hinter dem Millionen von Fußballfanatiker auf der ganzen Welt wie eine ausgehungerte Hundemeute hinterher hetzen oder fiebern. Der Fußball ist eines der größten Glücksmomente in deren Leben, aber auch Ursache von tiefster Enttäuschung.

So extrem war es zu meiner Schulzeit in den frühen fünfziger Jahren noch nicht. Aber immerhin hatte der Fußball in meinem Heimatort Olching im Landkreis Fürstenfeldbruck damals schon einen sehr hohen Stellenwert, denn es gab für die Jugendlichen kein anderes Freizeit-angebot.

Nach der Schule und den eilig erledigten Hausaufgaben trafen wir uns meistens auf dem improvisierten Bolzplatz an der Gemeindewiese. Da gab es aber ein Problem: Wir hatten keinen Ball. Und wenn, war es nur ein Gummiball, dem in der schönsten Spielphase die Luft ausging und wir mit der leeren Hülle weiterspielen mussten, was absolut keinen Spaß mehr machte. Unsere Eltern hatten einfach kein Geld für einen richtigen Fußball; jeder Groschen musste in jener Zeit für den täglichen Lebensunterhalt verwendet werden.

Wir standen mal wieder ratlos auf der Gemeindewiese ohne Ball. Jeder hatte sich auf den anderen verlassen, dass irgendwie ein Ball ins Spiel kommt.

Der Fußballgott hatte wohl Erbarmen, denn plötzlich stand unser Mitschüler, den alle Judas nannten, weil er uns ständig beim Klassenlehrer verpetzte, mit einem echten Lederball auf der Gemeindewiese. Wir waren erstaunt und fast sprachlos: Der Judas mit so einem Ball! Wegen seiner linken Tour mochten wir ihn nicht, geschweige denn spielten wir jemals mit ihm. Nun wurden wir etwas überfordert: Sollten wir mit ihm spielen? Aber er hatte etwas, auf das wir ganz scharf waren. Wir überwanden unseren inneren Schweinehund - wie im richtigen Leben muss man auch Kompromisse machen - und der Zweck heiligt schließlich die Mittel.

So geschah es und wir stellten zwei Mannschaften auf.

Es hatte sich herumgesprochen, dass unser Schulkamerad Rudi Brunnenmeier für sein Alter ausgesprochen gut Fußball spielen konnte; so wollte Judas natürlich in dessen Mannschaft, was man ihm auch gewährte, hatte er doch diesen für uns einmaligen Lederfußball mit ins Spiel gebracht. Für Judas wurde es natürlich eine gewaltige Aufwertung seiner Person - wo wir ihn sonst nicht mit dem Allerwertesten anschauten - und jetzt durfte er mit uns sogar Fußball spielen. Völlig ungeübt und steif stand er auf dem Spielfeld. So gut wie ohne Ballberührung stand er nur im Weg. Man sah seinen Unmut schon von weitem. Er war ja schließlich der Besitzer des Balls und erwartete, dadurch auch im Mittelpunkt des Spiels zu stehen. Rudi hatte Mitleid mit ihm und schoss einen Pass. Der fiel aber mit dem Lederball etwas schärfer aus und landete bei Judas mit einem klatschenden Geräusch im Gesicht. Welch ein Drama! Judas brüllte vor Schmerz. Blut schoss aus der Nase. Heulend nahm er den Ball an sich, sagte, das hätte Rudi absichtlich getan und nun sei das Spiel zu Ende; außerdem werde er morgen beim Lehrer Meldung machen. Wut und Zorn überkamen uns. Naiv hatten wir geglaubt, nur weil Judas einen Lederfußball besaß, würde er sich geändert haben.

An diesem Tag machte ich in meinem jungen Leben eine erste Erfahrung: Sich mit jemanden anzufreunden, nur weil diese Person etwas besaß, was für mich begehrenswert erschien, aber ansonsten verschiedene Wellenlängen vorhanden waren, kann nicht gut gehen. Bei aller Toleranz, die eigene Abneigung zu ignorieren ist wie ein anstrengender Klimmzug, bei dem man in kurzer Zeit die Kraft verliert.

Irgendwann bekam Rudi Brunnenmeier einen alten Lederfußball, mit dem wir bei jeder Gelegenheit spielten, auch bei miserabelster Wetterlage.

Eines Tages war damit Schluss, denn Rudi spielte von nun an in der Jugendmannschaft beim FC Olching und wir wurden seine größten Fans.

Unser Klassenkamerad Rudi Brunnenmeier hatte in späteren Jahren noch sehr viel Erfolg. Er schaffte es 1966 bis zur deutschen Meisterschaft und in 5 A Länderspiele, lief einmal als Kapitän der Nationalelf auf und gehörte zur ersten Generation der Großverdiener in der Bundesliga. Leider besiegelten falsche Freunde und Alkohol sein Schicksal.

Max Merkel meinte einmal über seinen langjährigen Spieler: „Der hat alles, was ein Mensch haben kann, durch den Fußball gehabt, und hat alles verschenkt".

Rudi starb am 18. April 2003 verarmt und vergessen.

Hygge

Das dänische Wort „Hygge" kann man nicht übersetzen, es handelt sich dabei um ein Lebensgefühl, eine Geborgenheit, die es nur in Dänemark gibt. Nach eingehenden Umfragen sind Dänen eine der glücklichsten Nationen in Europa. Dabei wirft sich die Frage auf, warum das so ist. Als Nachfahren der Wikinger ist es wahrscheinlich genetisch bedingt, dass der Umgang miteinander und das Zusammenleben offener und ehrlicher ist, als in anderen Nationen. Bei den Wikingern war Lug und Betrug untereinander tödlich, die Schwerter saßen locker und die Köpfe rollten dabei schnell. Es kann sein, dass nur die Guten ihre Gene weitergeben konnten.

In ländlichen Gegenden wurden die Türen der Häuser nicht verschlossen, wer wollte, konnte hineingehen und sich etwas kochen, auch wenn die Bewohner nicht anwesend waren. Die Gastfreundlichkeit der Hausbewohner ging über alles und sie freuten sich über jeden Besuch. Sich zu duzen ist in Dänemark normal. Eine Ausnahme gibt es: Die Königsfamilie wird mit Sie angesprochen, wobei König Frederik von dreisten Untertanen auch schon mit Du angesprochen wurde.

Man sagt auch „ die Dänen lügen nicht", soll ja etwas dran sein. Eine Ausnahme gibt es: Wenn sie durch den Zoll gehen und ihrem liebsten Hobby frönen, Schnaps und Zigaretten schmuggeln. Da es so gut wie alle tun, wird es schon wieder zur Wahrheit.

Auch mich führte der Zufall nach Dänemark, es war einer meiner bunten Wege im Berufsleben, als Gastronomiefachmann. Ich war halbwegs auf der Flucht vor meiner Einberufung zur Bundeswehr. Das Wehrersatzamt hatte mich schon seit geraumer Zeit auf der Liste.

Ich wollte hinaus in die Welt, kündigte meinen Job bei der US Army in Regensburg, wo ich im Offizierscasino als Barkeeper arbeitete, und landete für ein paar Monate in Hamburg bei Planten und Blomen, im Restaurant Rosenhof. Dänemark war zum Greifen nahe, so löste ich ein Bahnticket und fuhr über die neu eröffnete Vogelfluglinie nach Kopenhagen. Beeindruckend für mich als Bayer waren die Eisenbahnfähren zwischen Puttgarden und Rodby. Es ergab sich auf der Fähre, dass ich mit dem Restaurantleiter ins Gespräch kam und erwähnte, ich sei auf Jobsuche. Er sagte mir, sie suchten dringend Leute. Ich könnte sofort anfangen, müsste mich nur im Landbüro melden. Auf der Rückreise von Kopenhagen machte ich in Puttgarden stopp und bewarb mich. Ich wurde sofort mit voller

Verpflegung und Unterkunft an Bord eingestellt. Am nächsten Morgen begann schon mein Dienst auf der FS „ Deutschland". Sechs Tage an Bord Dienst, anschließend drei freie Tage. Die wollte ich nicht an Bord verbringen und mietete auf der dänischen Seite, in Nyköbing Falster, ein Zimmer. Das Städtchen ist einladend, hat den typischen dänischen Charme, farbenfrohe Häuser und was besonders auffällt, an den meisten Stubenfenstern sind keine Gardinen, die Leute haben nichts zu verbergen. Meine Vermieter, ein Ehepaar, in etwa sechzig Jahre alt, waren sehr herzliche Menschen. Sie luden mich sogar bei sich zum Essen ein; oder wir spielten Karten, dabei gab es Kaffee und Blätterteiggebäck. Im Gegenzug versorgte ich sie mit zollfreien Spirituosen und Süßigkeiten von Bord. Ich dachte im Stillen, dass mein Job an Bord ein Volltreffer sei, so wie Geld drucken. Nette Kollegen und ein gutes Arbeitsklima rundeten die Sache noch ab. Es folgte eine der glücklichsten Zeiten in meinem Leben, es war einfach schön. Ein Leben unter aufrichtigen, ehrlichen Menschen schenkt Zufriedenheit und strahlt Geborgenheit aus - das Rezept für „Hygge".
Leider hatte diese märchenhafte Zeit nach eineinhalb Jahren ein jähes Ende für mich. Mit Zustellungsurkunde kam ein Brief an Bord der FS "Deutschland". Das Wehrersatzamt hatte mich

zu fassen bekommen und ich musste am 3.1.1964 in Neuburg vorm Wald meinen Militärdienst bei der Bundeswehr als Panzergrenadier antreten - es wurde nicht „Hygge".

Die Wette

Es kommt selten vor, dass ein Alpenländler die Faszination der Berge gegen die der Weltmeere eintauscht, wie bei mir geschehen.

Ein erster Anlaufpunkt wurde für mich der Heuerstall vom North- German- Lloyd in Bremerhaven. Der Zufall wollte es, ich landete in der Rickmerstraße, umsäumt von herunter-gekommenen Nachtlokalen, dazwischen das Bordell „Südstern". Mein Zimmer lag direkt gegenüber vom „Blauen Peter", eine angesagte Seemannskneipe, in der die „Seelord`s" aus allen Herrenländern verkehrten.

Noch hatte ich kein Schiff zum Anheuern, somit auch genügend Zeit, meine neue Umgebung kennen zu lernen. Ich hatte zwar schon Erfahrungen mit der norddeutschen Mentalität, sie war rau aber herzlich, aber es blieb nicht aus, dass man versuchte, mich als Bayer auf den Arm zu nehmen.

Aus meiner dreijährigen Lehrzeit im Hotelgewerbe in München war ich jedoch einiges gewöhnt, deshalb brachte mich nichts so leicht aus dem Gleichgewicht.

Heute war ein besonderer Tag, ich hatte einen Heuerschein vom North- German- Lloyd bekommen und konnte als Steward auf der „MS Berlin" zu einer Mittelmeerkreuzfahrt anheuern.

In meinem neuen Umfeld musste ich mich erst zurechtfinden, seien es die ungewohnt vielen Decks und gewaltigen Aufbauten des Kreuzfahrtschiffes, aber vor allem mit den Gepflogenheiten an Bord. Die Kollegen waren größtenteils erfahrene, mit allen Wassern gewaschene Seeleute, weltweit in allen Häfen zuhause, aber auch solche wie ich, als „Greenhorn" auf der ersten großen Reise.

Nachdem es in der Biskaya etwas stürmisch geworden war, stampfte die „MS Berlin" jetzt in ruhigeren Gewässern in Richtung Funchal. An Bord gab es für die Crew einen Aufenthaltsraum mit Bierausschank, der so genannte Wellentunnel, da er direkt über der Antriebswelle vom Schiff war. Wenn bei Seegang das Vorschiff in ein Wellental tunkte und dabei das Achterschiff mit der Schiffsschraube aus dem Wasser ragte, verursachte dieses immer einen Höllenlärm. Wir ließen uns aber dadurch nicht stören - unser Feierabendbier mundete trotzdem. An der langen, vollbesetzten Back wurde reichlich Seemannsgarn gesponnen und mit steigendem Alkoholpegel wurden auch die Stories immer bizarrer. Kuno, ein großer schlaksiger Decksteward sagte plötzlich zu seinem Kumpel Jan, der vor längerer Zeit auch in Kanada als Holzfäller arbeitete: „Los, Du holst ihn jetzt" und er wiederholte sich mehrmals.

Wir wurden alle aufmerksam und neugierig auf das so geheimnisvolle Etwas, was Kuno da andeutete.

Jan zierte sich ein wenig und hielt verlegen sein Bierglas fest, die andere Hand tief in der Hosentasche verstaut. Durch das hartnäckige Drängen von Kuno verließ Jan tatsächlich den Wellentunnel.

Mein reichlicher Biergenuss zwang mich nun, auch den Ort des Geschehens zu verlassen.

Als ich zurückkam, war Jan wieder anwesend und hielt mit beiden Händen ein Weckglas. Das Behältnis war randvoll mit einer wasserklaren Flüssigkeit befüllt; darin schwamm, dem Anschein nach, eine angebissene Weißwurst. Bei genauerer Betrachtung entpuppte es sich als abgetrennter Daumen, sogar das Schwarze unter dem Fingernagel war noch vorhanden. Jetzt sahen wir es alle: Bei Jan fehlte der rechte Daumen.

In der Zeit als Holzfäller hatte er sich bei einer Unachtsamkeit mit der Kettensäge den Daumen abgetrennt. Zum Beerdigen war er zu klein und einfach wegwerfen kam niemals für ihn in Frage. So blieb nur die Möglichkeit, den Daumen in Alkohol zu konservieren und in seinem Spind aufzubewahren. Es wäre alles gut gewesen, wenn nicht sein Kabinenkollege Kuno immer im Suff den Daumen sehen wollte und oftmals sogar zu Wetten missbrauchte.

Kuno musterte mich abschätzend von oben bis unten und sagte laut: „Will mal testen, was so ein Bayer vertragen kann. Ich gebe Dir zwanzig Dollar, wenn Du aus dem Glas trinkst; wenn nicht, bekomme ich von Dir die Kohle". Das ist viel Geld, dachte ich im Stillen, dafür muss eine alte Frau lange stricken, führte den Glasbehälter zum Mund und trank einen gehörigen Schluck daraus. Der darin frei schwimmende Daumen kam dadurch an die Oberfläche und berührte mich leicht an der Nasenspitze. Kunos gesamte Saufkumpanen schauten überrascht zu, noch nie hatte jemand daraus getrunken, alle hatten sich immer angeekelt abgewandt. Mit ausgestreckter Hand forderte ich nun meine zwanzig Dollar. „Tut mir leid" äußerte Kuno, „habe ich momentan nicht, bekommst sie später". „Das sind die Richtigen, wetten und keine Kohle in der Tasche!" rief ich säuerlich in die Runde. Ich fühlte mich hinters Licht geführt und ging wütend auf die Kabine.

Wie immer saß mein Mitbewohner Gerd Köly am Tisch und studierte Autoprospekte. Er hielt sich von allem fern, was nicht mit dem Job zu tun hatte, wusste aber über alles genauestens Bescheid, was so an Bord geschah. So beiläufig erzählte ich, Kuno hätte mich mit einer Wette reingelegt. Gerd blickte von der Lektüre auf und sagte grinsend: „Hat er wieder das Ding mit dem

Daumen von Jan gebracht. Er hat bis jetzt damit jede Wette gewonnen - oder hast Du aus dem Weckglas getrunken?" kam seine Frage zweifelnd an mich gerichtet. „Ein bisschen schon" gab ich kleinlaut zu, „dabei war der Daumen nicht das Problem, sondern der Alkohol. Ich hatte das Gefühl, im Mund brennt die Hölle und meine Schädeldecke hebt ab, die zwanzig Dollar habe ich auch nicht bekommen."

„Selbst schuld, warum machst Du so einen Mist" murmelte Gerd dann etwas schadenfroh. Das Thema war nun für ihn erledigt.

Nach vierzehntägiger Mittelmeerkreuzfahrt legten wir wieder mit der „MS Berlin" in Bremerhaven am Columbuskai an. Die Crew freute sich auf den Landgang. Die meisten waren schon stadtfein angezogen mit Krawatte, Anzug und Mantel, wie damals in den siebziger Jahren üblich. Auch ich stand dem nicht nach und da passierte es: Von der guten Bordverpflegung hatte ich etwas zugenommen und ein Knopf sprang von meinem Anzug ab, den ich mühevoll wieder annähte; dabei kam mir eine Idee.

Bevor die Kollegen von Bord gingen, trafen sie sich im Wellentunnel zum „Vorglühen" für die Stadt. Es stand eine Kiste Becks Bier auf der Back, die ein Kollege zur Feier des Tages ausgegeben hatte. Auch Kuno war anwesend, meine zwanzig Dollar standen noch immer bei ihm offen. Trotzdem macht ich den Vorschlag und sagte: „Biete Dir eine Wette für zwanzig Dollar an, dass ich alle Knöpfe von deinem Anzug innerhalb von fünf Minuten wieder annähen kann."

„Wieso" fragte er verwundert, „die sind doch alle dran".

„Das kann sich ändern" erwiderte ich und holte mein Taschenmesser hervor. Etwas unsicher geworden schaute Kuno auf die vielen Knöpfe an seinem feinen Zwirn, dann auf das Messer, überlegte kurz und sagte laut: „Gut, die Wette gilt", so dass es auch jeder hörte. Mit dem Taschenmesser trennte ich nun vorsichtig, um den Stoff nicht zu beschädigen, die gesamten Knöpfe vom Anzug ab. Kuno achtete sehr darauf, dass ich ja keinen übersah. Er hielt sich jetzt die Hose vorne zusammen, da ohne Knöpfe Diverses offen stand.

„Dann leg mal los mit dem Nähen", sagte er siegessicher, mit einem Blick auf seine Armbanduhr. Ganz betont lässig ging ich zur Bierkiste, öffnete umständlich eine Flasche, setzte mich und trank genüsslich einen langen Schluck daraus. „Kuno" sagte ich, „Du hast gewonnen, aber schuldest mir noch zwanzig Dollar von der letzten Wette, so sind wir jetzt quitt." Unter grölendem Gelächter der Kollegen ging Kuno auf seine Kabine und nähte ungeübt, in einer zeitraubenden Prozedur, die Knöpfe am Anzug wieder an.

Auf der Crew Gangway klopfte mir Gerd Köly anerkennend auf die Schulter, als wir zusammen von Bord gingen und sagte: „Es wurde endlich Zeit, dass einer dem Kuno mal zeigt, was Sache ist." Mit mir selbst zufrieden stürzte ich mich nun in das Bremerhavener Nachtleben, auf ein Bier im Blauen Peter.

Mit der „MS Berlin" machte ich noch eine Reise nach Montreal, um dann auf der „TS Bremen" anzuheuern, die ebenso zur North German Lloyd Flotte gehörte. Die Reederei setzte die „TS Bremen" als Kreuzfahrtschiff von New York aus in die Karibik ein. New York als Heimathafen - und die Karibik wurden dann für zwei Jahre mein hauptsächlicher Aufenthaltsort.

Der Kompromiss

Meinen Kindheitstraum habe ich mir endlich erfüllen können, ich war jetzt in Amerika, im Land der unbegrenzten Möglichkeiten. Hatte mir zwar noch keinen Straßenkreuzer gekauft und den Kofferraum mit Hersheys Schokolade beladen, wie ich es als Junge immer wollte, und auch keinen Job in New York bekommen, aber immerhin, ich bin hier.

Nach einigen Wochen wurde alles eine riesige Enttäuschung, denn es tat sich eine unpersönliche, oberflächliche und nur auf Profit ausgelegte Welt für mich auf. Ich sah keinen Platz für mich darin.

Mein Entschluss, nicht hier zu bleiben, wurde bestärkt, als ich in New York in der 42ten Straße in einem Fotogeschäft als Nazideutscher beschimpft wurde, wohl aufgrund meines Akzents. So etwas Ungeheuerliches passierte mir in meinem jungen Leben das erste Mal. In Kriegszeiten war ich noch ein Kleinkind, und mir absolut keiner Schuld bewusst.

Einige Tage später.

Es regnete, ich fuhr mit einem Yellow Cab, wie die New Yorker Taxis genannt werden, nach Brooklyn, um Bekannte zu besuchen.

Im Fond roch es nach kaltem Zigarettenrauch, Leder und süßlichem Parfüm. Sofort kam bei mir die Erinnerung auf. Es war wie damals, als ich das erste Mal als kleiner Junge mit einem amerikanischen Straßenkreuzer mitfahren durfte und mir anschließend eine Tafel Hershey Schokolade geschenkt wurde. Es war sozusagen der Auslöser, warum ich nach Amerika kam.

Zufällig hatte ich heute diese Schokoladenmarke in meiner Jackentasche dabei und genügend Zeit, sie zu verzehren, denn das Taxi kam wie üblich in der Rush Hour auf der Brooklyn- Bridge in den Stau. Jedes Stückchen Schokolade, das ich jetzt aß, wurde ein kleiner Abschied von Amerika und meinem großen Jugendtraum, denn es war jetzt sicher, dass ich dieses Land in kürzester Zeit wieder verlassen werde.

Nun musste ich mit mir selbst einen Kompromiss schließen, denn ich hatte mein Ziel knapp verfehlt.

Meine über Jahre andauernde Euphorie wandelte sich plötzlich in eine tiefe Enttäuschung.

Ich heuerte auf dem Passagierschiff „TS Bremen" als Steward an, so kam ich dadurch auch regelmäßig nach New York.

In meiner Freizeit nahm ich mir oftmals einen Leihwagen und fuhr durch das nächtliche New York, selbstverständlich hatte ich immer eine Tafel Hershey Schokolade dabei.

Für mein restliches Arbeitsleben blieb ich der Seefahrt treu und fand in Norddeutschland an der Ostseeküste eine neue Heimat.

Eine unglaubliche Geschichte

Ein Strandkorb musste her, ich kam mir etwas doof vor, auf meinem Badehandtuch im Sand liegend.

Wenn schon ein Strandkorb, dann in der ersten Reihe, am richtigen Platz.

Den Strandkorbvermieter kannte ich gut, so wurde es keine Schwierigkeit, mir meinen Wunsch zu erfüllen. Erstes Probesitzen, die Ostseewellen in drei Meter Entfernung, es war perfekt. Da sah ich einen schwarzen Kern, leicht angekeimt, im hellen Sand. Als Bewahrer und Beschützer von Spinnen sowie anderweitigen Insekten und Kriechtieren dachte ich, warum nicht mal einen Samenkern retten. Er sah merkwürdig aus, fast wie eine in die Länge gedrückte schwarze Perle. Was soll's, ich werde den Kern zuhause in den Pflanzkübel zu meinen Gartenkräutern stecken, mal sehen, was daraus wird.

Drei Tage später: Ich bereitete das Mittagessen vor, wollte mir dazu etwas von den Kräutern abschneiden. Eine Katastrophe war geschehen, alle Kräuter lagen welk im Kübel. Der Kern hatte zwei Blätter gebildet und diese überragten alles. Die Pflanze entwickelte sich zusehends. Der Haupttrieb war innerhalb kürzester Zeit armdick und der Balkon von diesem Gewächs völlig zu gewuchert.

Eine einzige Blütenknospe bildete sich aus, ohne Übertreibung, so groß wie ein Medizinball.

Dann blühte sie auf. Alle Nachbarn blickten neidvoll auf den schönen, gelben Sonnenschirm auf meinem Balkon, sie ahnten nicht, dass es der Blütenkelch der Pflanze war.

Frau Helene, ein quirliges dunkelhaariges Persönchen, sie wohnte eine Etage über mir, war besonders neugierig. Sie beugte sich über die Balkonbrüstung, verlor dabei das Gleichgewicht und stürzte kopfüber in den Blütenkelch. Sie hatte großes Glück, dass ich zuhause war und so konnte ich sie sofort befreien.

Alles hat sein Gutes, so wurde wenigstens meine Pflanze dadurch bestäubt. Der Blütenkelch vertrocknete und eine Wassermelone reifte heran, von so einem Ausmaß, das hat die Welt noch nicht gesehen!

Summer Time, Party Time: Mein alter Kumpel Jürgen von der Seefahrt ließ es mal wieder krachen, er war im Ort dafür bekannt. Bei ihm wurde immer Saufen bis zum Umfallen angesagt. Sogar Frau Helene war auf der Party anwesend, nur sie schaute mich nicht an.

Ich weiß nicht, ob es mit ihrem Sturz in den Blütenkelch einen Zusammenhang gab oder ob sie von mir etwas erwartet hatte und ich habe es nicht bemerkt. Scheiß drauf, sie war sowieso nicht mein Typ.

Die letzten Partygäste gingen morgens um halb acht, leider war ich auch dabei. Die Sonne stand schon heiß am Himmel, jetzt in die Federn, das wäre Sünde, wofür habe ich jetzt meinen Strandkorb.

Nach so einer durchzechten Nacht sind im Kopf Millionen von Ameisen auf dem Kriegsfuß, vor allem, um den Nachdurst zu löschen, ist eine Feuerwehr nötig. Dieses war nun kein Problem, ich hatte ja meine Wassermelone.

Mit so einem Restalkohol im Blut würde ich mich nie ans Steuer setzen, also rief ich mir ein Taxi.

Der Fahrer war sehr hilfsbereit, wir schleppten zusammen die schwere Wassermelone in den Kofferraum. Ansonsten hatte ich außer etwas Bargeld, Badehose und Sonnencreme nichts dabei. Rasant ging die Fahrt nun auf der Bäderstraße zum Strand.

Die blaue Ostsee bot ein Bilderbuchpanorama, im Sonnenschein leuchteten weiße Segel am Horizont, Wasservögel zogen am blauen Himmel kreischend ihre Bahnen.

An meinem Strandabschnitt angekommen, musste ich mir eine Schubkarre von den Sandburgenbauern, die hier überall hobbymäßig herumwerkelten, ausleihen, sonst hätte ich die Wassermelone nicht transportieren können. Ich versprach auch, ihnen etwas von der Wasser-melone abzugeben.

Total verausgabt kam ich mit der schweren Fracht an meinem Strandkorb an und fiel ziemlich erschöpft in die Sitzgelegenheit. Ich döste eine Weile so vor mich hin, und muss wohl auch eingeschlafen sein.

Plötzlich ein Lärm, die Sandburgenbauer wollten ihre Schubkarre wieder haben. Was war das, meine Wassermelone wurde immer größer, immer größer, noch größer, zwanzig Meter, dreißig Meter, ein Knall, nein, es war eine Explosion! Als sich der durch die Hitze entstandene Wasserdampf verzogen hatte, sahen wir sie: Schneeweiß stand sie da, nur von den Resten der Wassermelone gestützt, eine dreißig Meter lange Motoryacht.

Das geht aber nicht, dass die so am Strand stehen bleibt, die muss zu Wasser, war ich der Überzeugung. „Aber nicht ohne Schiffstaufe" riefen die Sandburgenbauer im Chor.

„Von mir aus" rief ich zurück und drückte dem Nächststehenden 14,99 Euro in die Hand, er möge eine Kiste Königspilsner am Kiosk kaufen und sollte die im Angebot sein, für den Rest eventuell eine Flasche Sekt mitbringen und einen großen Eimer mit Eis, zum Kühlen der Getränke.

„Wie soll die Yacht denn heißen?" rief jemand.

„Ist mir egal" sagte ich.

Irgendeiner der Umstehenden malte dann mit Fingerfarben einen Namen an die Bugwand.

Der Typ, der das Bier holen sollte, kam und kam nicht wieder, wir wurden schon alle nervös. Endlich kam er dann doch, er hatte sogar eine Flasche Sekt für die Schiffstaufe mit. Laut schimpfend stellte er die Kiste Bier und den Eimer mit Eis in den Sand, und sagte etwas ruhiger geworden, dieser verdammte Leergutautomat war mal wieder kaputt. Er hatte noch mehrere leere Plastikflaschen unterwegs gefunden und wollte dafür das Pfand kassieren.

„Dann werden wir mal taufen" sprach ich zu den weit über tausend Zuschauern, die sich in der Zwischenzeit neugierig eingefunden hatten. Die Sektflasche konnte an der Kunststoff-Bordwand nicht zerschlagen werden, auch wegen der Glasscherben anschließend im Sand hatte ich Bedenken.

So öffnete ich die Flasche und goss den Inhalt über den frisch aufgepinselten Namen „Helene".

Meine Yacht glitschte nun ganz langsam auf den Melonenresten unter lautem Beifall der Menschenmenge in die Ostsee.

Als erstes ließ ich die Besatzung antreten: Kapitän, Maschinist, Bootsmann und Maat. Der Maat konnte leider nur wenig Deutsch verstehen. In der Kombüse entfaltete ein erfahrener Schiffskoch seine Kochkünste, sogar eine Stewardess war anwesend. Wie sollte es anders sein, es war Frau Helene.

„Dann können wir in See stechen" gab ich die Order „220 Grad Richtung Fehmarn!"

Leichte Vibrationen waren zu spüren, der Bug pflügte jetzt mit den 900 PS starken Motoren durch die Ostsee, am Achterschiff eine riesige Heckwelle erzeugend.

„Heissa, horrio!" so hatte ich mir das Leben immer gewünscht und bestellte bei der Stewardess eine Flasche Dom Pérignon Vintage, die locker mit 130,00 Euro zu Buche schlägt. Mit dem Champagnerglas in der Hand deutete ich an, wir kreuzen durch die Fehmarnsundbrücke, ich bin schon so oft mit dem Auto darüber gefahren, als ich noch ein armes Schwein war, jetzt möchte ich mal unten durch oder besser, wir ankern gleich dort.

Die Fehmarnsundbrücke war schnell erreicht und in einigem Abstand zum Ufer, auf der Inselseite, gab der Kapitän Order – er wollte sicher ganz zackig erscheinen - und rief dem Maat zu: „Wirf Anker!" Der Maat hatte es wohl zu wörtlich verstanden und warf den Anker bis zur Fahrbahn auf der Brücke.

Beim Klabautermann! Wie es zufällig so passiert, verhakte sich der Anker in einem Bus der Autokraft, der eben über die Brücke fuhr und auf dem Weg nach Kiel war. Klatschend fiel dieser nun von der Brücke ins Wasser und wir sahen entsetzt, wie der Bus an unserer Ankerkette wie ein Köder an der Angel baumelte. Das gibt Ärger, waren alle der Überzeugung, denn die Wasserschutzpolizei rauschte mit voller Kraft auf uns zu. Aber man muss auch etwas Glück im Leben haben. Plötzlich kam ein Wal angeschwommen, so ungefähr 140 Meter lang, mit einem Maul so groß wie eine Tunneleinfahrt, und verschlang den Bus. Nichts war mehr davon zu sehen, außer einer bunten Öllache auf dem Wasser. Ich schrie in die Kombüse „schnell eine Flasche Spüle", der Koch warf sie mir erstaunt zu und ich goss den Inhalt auf den Ölfleck im Wasser. Dieser verschwand sofort: Den Trick hatte ich mir von den Yachtbesitzern abgeschaut. Wenn deren Boote im Hafen Öl verloren, taten sie das auch.

Die Wasserschutzpolizei legte längsseits an meiner 30 Meter Yacht an, ihr Boot wirkte dagegen wie ein armseliges Rettungsbötchen.

Die Beamten hatten nichts Verdächtiges festgestellt als sie an Bord kamen und bemerkten auch nicht die stramme Ankerkette in Richtung Fahrrinne.

Unschuldig stellte ich die Frage, als sie von Bord gingen: „War was?"

Tun konnte man jetzt nichts, es blieb nur übrig, abzuwarten, wie es mit dem Wal weiter gehen würde. Mit der Ankerkette im Maul hing er an der Yacht fest. Diesen herrlichen Sonnenschein, den müsste man ausnützen, dachte ich, schaltete das TV, wo gerade wieder Tennis übertragen wurde, aus, und ging aufs Sonnendeck.

Eine bequeme Liege lud zum Verweilen ein; aber, was ist das? Neben der Liege stand eine leere Rémy Martin Flasche: Da hatte mir so ein Schweinepriester heimlich meinen teuren Cognac ausgesoffen! Ich rief nach der Stewardess, sie möchte mir die angebrochene Flasche Champagner auf das Sonnendeck bringen. Weit und breit nichts von ihr zu sehen, so holte ich mir die Flasche selbst. Als ich so auf der Liege chillte, fiel mein Blick auf eine Tür neben dem Windfang, mit der Aufschrift „Besenkammer". Die Tür öffnete sich plötzlich, heraus kam ein Kerl mit rötlichem drei Tage Bart, händchenhaltend mit der Stewardess Helene. „Das ist doch hier nicht Ihr Ernst!" sprach ich völlig fassungslos zu Frau Helene. „Nein" antwortete sie, „das ist nicht mein Ernst." Der rotblonde Mann fing zu stottern an. „Äh äh äh oh äh – ich bin der Tennisstar, mich kennt doch jeder!" Ich wurde ziemlich wütend, ich hatte ihn im Verdacht, mir meinen Cognac ausgesoffen zu haben und äußerte in scharfem Ton „Verschwinde bloß von hier, du Flaschengeist!" Hui, hui, ein kleiner Wirbelwind mit rötlichen Staubpartikeln bildete sich auf dem Sonnendeck und nochmals hui – und der Star verschwand in der Rémy Martin Flasche. Ich korkte die Flasche schnell zu und warf sie ins Wasser. Zu Frau Helene gewandt sagte ich: „Gehen Sie bloß von Bord, ich möchte Sie hier nicht mehr sehen!"

„Gut" erwiderte sie schnippisch, „dann fahre ich eben mit dem Bus nach Hause", sprang ins Wasser und tauchte zum Wal hinab.

Im Bus ging es zwischenzeitlich drunter und drüber. Der Busfahrer und die Fahrgäste wussten nicht, dass sie sich im Magen eines Wals befanden. Der Busfahrer versuchte mehrmals mit dem Handy eine Verbindung zur Zentrale der Autokraft zu bekommen. Endlich klappte es. Am Telefon meldete sich eine Aushilfe, die hatte natürlich von nichts eine Ahnung!

Verzweifelt rief er ins Handy, er hätte sich in einer der Röhren von der neuen Fehmarnbelt-Querung festgefahren, ihm war ja ansonsten kein weiterer in Planung befindlicher Tunnel auf der Insel bekannt. Die gute Fee in der Telefonzentrale versprach, sofort einen Abschleppwagen loszuschicken.

Aber mal unter uns gesagt, das Bauwerk ist frühestens 2030 in Betrieb. Es soll ja immer wieder Personen geben, die unwissend ihrer Zeit voraus sind.

Frau Helene saß plötzlich auch im Bus und wollte vom Fahrer eine schriftliche Bestätigung über die Verspätung haben. Dieser sagte, er sei dazu nicht berechtigt, er hätte aber um 18 Uhr Feierabend und sie könnte bei ihm in Heiligenhafen zuhause vorbeikommen, er wäre Single.

Sie war einverstanden und sie tauschten ihre Handynummern.

Der Wal hatte nun die Faxen dicke: Ich hatte ihm vorhin die Cognacflasche auf den Kopf geworfen, auch der Bus lag schwer im Magen und schmeckte nicht. Der Bus verlor ständig Getriebeöl, die Kupferdichtung der Ölablass-schraube wurde beim letzten Ölwechsel ein zweites Mal verwendet und war damit undicht. Mit einem gewaltigen Schwall spuckte der Wal den Bus wieder aus. Der Schwung war so groß, dass der Bus auf der Inselseite an Land zum Stehen kam, auch der Anker löste sich dabei. Mit einer Durchsage machte der Fahrer darauf aufmerksam, die Fahrgäste möchten an der Brückenböschung von der Fehmarnsundbrücke hochklettern, ein Ersatzbus sei unterwegs und würde sie dann von der Insel bringen.

Da hatten sie aber die Rechnung ohne die Fehmaraner-Kurverwaltung gemacht! Ein Bediensteter kam mit Blaulicht angerast und rief „Halt! Hier verlässt keiner die Insel, ohne die Kurtaxe bezahlt zu haben!"

Es half kein Protest, sie haben alle bezahlt. Kein Wunder, der Kassierer war ein direkter Nachfahre von Störtebeker.

Als ich sah, wie brutal der Touristikbedienstete die Kurtaxe eintrieb, sagte ich zum Kapitän „Schnell ablegen, sonst kommt er an Bord und kassiert bei uns auch noch!" Der Kapitän drückte den Gashebel ganz nach unten, Rumps, ein Knirschen und Krachen, und wir knallten mit Vollgas gegen einen Brückenpfeiler. Meine 30 Meter Yacht war nur noch Schrott und sank sofort. Ich schwamm zur Großenbroder Seite, weil dort keine Kurtaxe erhoben wurde.

Mir war plötzlich kalt, es fühlte sich eisig an, als hätte mir jemand einen Eimer mit Eiswasser übergegossen. Habe ich geträumt oder so etwas ähnliches?

Mein alter Seefahrtskumpel Jürgen stand grinsend, mit Frau Helene an der Seite, vor meinem Strandkorb, mit dem leeren Eimer in der Hand. Er hatte mir den kalten Guss mit dem Eiswasser verpasst, in dem ich sonst das Bier kühlte.

Sehr überrascht stellte ich die Frage an Frau Helene: „Haben Sie nicht um 18:00 Uhr mit dem Busfahrer eine Verabredung in Heiligenhafen?"

„Sag mal, spinnst Du?" sagte mein Kumpel, „Wieso sollte sich Helene mit einem fremden Typen verabreden? Wir haben gestern Verlobung gefeiert, das hast Du bloß nicht mehr geschnallt mit deinem besoffenen Kopf."

Übrigens, mein Kumpel erzählte noch, ein superreicher Schnösel hätte mit seiner Luxus-Yacht heute Nachmittag einen Brückenpfeiler der Fehmarnsundbrücke gerammt und sei gesunken.

„So etwas kann uns armen Schweinen nicht passieren", erwiderte ich und war jetzt hellwach.

Sockenschlumpf

Heute wollte ich meiner Frau etwas im Haushalt zur Hand gehen und übernahm die Buntwäsche. Das heißt, ich musste nur die vorsortierte Wäsche in die Waschmaschine geben und das Programm anstellen. Es war ein Jogginganzug, mehrere T-Shirts, Pullover und vier Paar Socken. Als die Waschmaschine das Programm beendet hatte, legte ich die Wäsche in einen Korb und brachte sie damit in den Trockenraum. Schön der Reihe nach hängte ich den Jogginganzug, die T-Shirts, Pullover und die Socken an der Wäscheleine auf. Aber was war das, ich zählte vorher genau vier Paar Socken und jetzt waren es nur drei und ein Einzelner! Ich suchte alles ab, vergeblich, die fehlende Socke blieb wie vom Erdboden verschwunden.

Eine Woche später.

Etwas Buntwäsche hatte sich angesammelt, wieder übernahm ich das Aufhängen der Wäsche. Auch diesmal waren Socken dabei.

Wie gehabt trug ich die gewaschene Buntwäsche in den Trockenraum und was musste ich feststellen? Es fehlte wieder eine Socke. So etwas konnte nicht mit rechten Dingen zugehen, war ich jetzt in der Annahme.

Eine Mitbewohnerin im Hause erzählte, auch bei ihr fehle ständig eine Socke. Sie hätte gehört, es gäbe Sockenschlümpfe und die würden ständig Socken aus der Wäsche klauen. Wenn denen die Socke nicht mehr gefällt, legen sie diese irgendwo im Haushalt wieder ab und entwenden eine Neue. Eine ziemlich unwahrscheinliche Geschichte, dachte ich bei mir, aber man sollte der Sache trotzdem auf den Grund gehen.

Am nächsten Tag.

Ich wollte zum Joggen. Ein Griff in die Jackentasche vom Jogginganzug, was fand ich, die fehlende Socke von der ersten Wäsche. Wie kam diese Socke in die Jackentasche hinein, wo doch der Reisverschluss geschlossen war. Es wurde mir immer rätselhafter, aber nun war ich vorgewarnt.

Es fiel wieder eine mittlere Menge an Buntwäsche an, dazu kamen zwei Paar Socken und die band ich sicherheitshalber mit einer Schnur zusammen. Wie gewohnt, nach Beendigung des Waschvorganges legte ich die Wäsche in den Korb, löste die Schnur von den Socken und begab mich in den Trockenraum.

Als ich die großen Wäschestücke an der Leine festgeklammert hatte, wollte ich die zwei Paar Socken dazu hängen und zählte dabei ganz laut, eins, zwei, drei, vier, fünf.

Wie, zwei Paar und dann fünf Socken. Da war die fehlende Socke von der letzten Buntwäsche wieder aufgetaucht.

Die Tür des Trockenraums schlug plötzlich zu, mir war, als huschte dabei ein blauer Schlumpf aus dem Raum. Könnte es doch sein, dass in der Geschichte vom Sockenschlumpf ein Fünkchen Wahrheit steckt?

Das Geheimnis der verschwundenen Socken werden wir nie ganz aufklären können.

Der freundliche Tischnachbar

Seit neuestem konnte man mit dem Zug direkt von Burg/Fehmarn nach Lübeck fahren. Herta und Erwin, ein älteres Ehepaar, wollten es sich mal wieder in Lübeck gut gehen lassen. Sie waren schon lange nicht mehr dort; für Erwin war immer mit dem Auto an der Fehmarnsundbrücke Schluss. Wegen des starken Verkehrs traute er sich nicht auf dem Festland fahren. So kam ihnen jetzt die Möglichkeit mit dem Zug gut zu pass.

Auf Drängen von Erwin hatte sich Herta endlich eine Zahnprothese machen lassen und so konnte sie ohne vorgehaltene Hand lachen, was auch ein Grund war, wieder unter die Leute zu gehen. In Lübeck schick in der Schiffergesellschaft zu speisen, und so zu sagen „das neue Esszimmer" von Herta einzuweihen, das war ihr Plan.

Nach einem ausgiebigen Stadtbummel betraten sie, nun hungrig geworden, dieses ausgezeichnete, traditionsreiche Restaurant. Da sie ohne Tischreservierung waren, geleitete sie der Kellner an einen größeren Tisch, an dem bereits ein elegant gekleideter Herr saß. Nach kurzer Begrüßung nickte der Herr von gegenüber sehr freundlich mit dem Kopf, worauf sie Platz nahmen.

Nach einem genauen Studium der reichhaltigen Speisekarte entschlossen sie sich für ein

Chateaubriand mit erlesenen Beilagen, wie man das doppelte Filetstück und beste Stück Fleisch vom Rind in der gehobenen Gastronomie nannte. Der Kellner nahm die Bestellung auf und sie warteten nun bei einem Glas Rotwein auf ihr Essen. Ein Gespräch mit dem Herrn am Tisch bahnte sich an. Man sprach über das geschäftige Treiben in der Stadt, dass sie von Fehmarn kämen und sich heute einen schönen Tag machen wollten.

Nach circa einer halben Stunde brachte der Kellner das Chateaubriand, tranchierte es am Tisch und legte es fachmännisch mit allen Beilagen auf ihrem Teller vor. Der Herr gegenüber wünschte guten Appetit und sie begannen zu speisen. Plötzlich griff sich Herta mit der Serviette an den Mund und nahm ihre Zahnprothese heraus. Erwin fragte erschrocken was los sei und sie erwiderte, sie habe beim Kauen solche Schmerzen und könne nicht weiter essen.

„Was machen wir jetzt, ich kann doch deine Portion nicht mit aufessen" sagte darauf Erwin ratlos. Der nette Herr gegenüber bekam dieses natürlich mit und sprach: „Ich kann Ihnen helfen, lassen Sie mal Ihre Zahnprothese sehen." Herta schob verwundert ihr Gebiss zusammen mit der Serviette über den Tisch und der Herr begutachtete es ausführlich. Er öffnete ein

Metallköfferchen, es kamen dann eine Unmenge Zahnprothesen von unterschiedlichen Größen und Beschaffenheit zum Vorschein. Mit geübtem Blick griff er hinein und gab Herta eines von den Exemplaren. Sie blickte darauf und sagte: „Schau Erwin, da sind sogar Goldzähne eingearbeitet!"

Etwas verlegen nahm sie die Kauhilfe in den Mund. Und siehe da, welch ein Wunder, alles passte, sie konnte ohne Schmerzen weiter essen. Der Herr bemerkte noch, das sei wie bei den Schuhen, ein gebrauchter drückt nicht. Die Aussage ging aber völlig unter, denn die Beiden waren wieder mit ihren leckeren Chateaubriand beschäftigt.

Als sie fertig gespeist hatten, wünschte Herta noch einen Nachtisch, denn für „Süßes" war immer Platz und bestellte für sich und Erwin je einen Eisbecher. Auch den freundlichen Herrn wollte sie zu einem Kaffee oder Eis einladen. Dieser lehnte dankend ab und sagte, er müsse jetzt gehen.

„Aber eine Frage wollen Sie mir bitte noch gestatten, arbeiten Sie in einem Dentallabor oder sind Sie sogar Zahnarzt?"

„Keines von beiden" antwortete der Herr mit todernstem Gesichtsausdruck. „Ich komme eben vom Krematorium, dort entnimmt man den Verstorbenen, bevor sie verbrannt werden, den Zahnersatz, damit der Rost, wo die Asche durchfällt, nicht verstopfen kann." Er wäre jetzt auf dem Weg zur Zahngoldverwertung, denn es hatte sich schon einiges angesammelt und der Goldpreis sei auch gewaltig gestiegen, der Erlös sei für einen guten Zweck. Vor Schreck wäre Herta beinahe vom Stuhl gefallen, als sie hörte, was ihr der freundliche Tischnachbar eben antwortete. Sie musste würgen und husten, das fremde Gebiss flog ihr im hohen Bogen aus dem Mund, direkt in Erwins Eisbecher. Erschrocken fischte nun Erwin den Zahnersatz mit Daumen und Zeigefinger aus seinem Eisbecher und gab ihn dem freundlichen Herrn etwas versüßt zurück. Zum Glück hatte Herta ihr eigenes Gebiss behalten, es lag in ihrer Handtasche.

So etwas, wie sie eben erlebte, ist außerirdisch und da Herta auch sehr starke spirituelle Prägungen hatte, war sie felsenfest davon überzeugt, es ist ein Engel gewesen, der an ihrem Tisch saß. Auch Erwin kam ins zweifeln, obwohl es mehr nach einer makabren Geschichte klang.

Ein erlebnisreicher Tag in Lübeck ging für die Beiden zu Ende. Erschöpft saßen sie jetzt in den bequemen Sesseln im Zug nach Fehmarn.

Herta schlief schon eine Weile neben Erwin, als sie erschrocken kurz vor der Endstation in Burg hochfuhr und sagte, sie hätte eben einen ganz abscheulichen Traum gehabt und sie erzählte: „Ich lag im Sarg und man brachte mich zum

Krematorium in Lübeck, da kam ein Engel und wollte mir meine Zahnprothese aus dem Mund nehmen, ich wusste aber nicht warum, daran ist doch kein Gold verarbeitet, bin doch Kassenpatientin."

„Merkwürdig ist es schon" sagte Erwin nachdenklich, „darüber müsste man sich mal informieren."

Die Kinder bringt der Postbote

Der Altbauer kränkelte schon seit längerer Zeit und mit der Gesundheit ging es bei ihm rapide abwärts. Auch in jungen Jahren sah er mit seiner kleinen, krummen Statur nicht gerade wie ein Adonis aus.

Es wurde Zeit, dass er endlich auf das Altenteil ging, wie man auf der Insel Fehmarn so schön sagte. Die Bäuerin war da aus anderem Holz, fünfzehn Jahre jünger als der Bauer, eine resolute, mollige Frau und sie hatte die Hosen an. Sie konnte zupacken und gebar sogar, trotz der vielen Arbeit auf dem Hof, fünf Kinder. Vier ihrer Söhne wuchsen zu prächtigen Burschen heran, der Älteste sollte jetzt den Hof übernehmen, nur der Jüngste war etwas aus der Art geraten, er war schwächlich, etwas zurückgeblieben und hatte keine Ähnlichkeit mit seinen Brüdern. Man munkelte sogar im Dorf, der Bauer wäre nicht der Vater von dem Jungen, was ihm natürlich nicht verborgen blieb. Als der Nachzügler noch klein war, gab es deswegen häufig Streit und der Junge fragte in kindlicher Unwissenheit: „Mutter, wo kommen die Kinder her?" Verlegen antwortete sie, weil ihr momentan nichts Passendes einfiel: "Die bringt der Postbote."

„Mich auch?" bohrte der Kleine weiter.

„Nein, dich hat Papa mitgebracht" beruhigte sie ihren Sohn.

Seit mehr als fünfundzwanzig Jahren war der Postbote im Dienst, groß, kräftig, volkstümlich ausgedrückt, ein gestandenes Mannsbild. Er richtete sich die Tour immer so ein, dass er als letztes am Nachmittag die Post auf dem Hof abliefern konnte.

Das Anwesen lag etwas abseits vom Dorf, es drangen so gut wie keine Neuigkeiten auf den Hof. Es wurde für die Bäuerin all die Jahre eine willkommene Gelegenheit und Abwechslung, wenn der Postmann kam, ihn bei einer Tasse Kaffee oder Erfrischungsgetränk über die Neuigkeiten von der Insel auszufragen. Er blieb dann so ein bis zwei Stunden und verabschiedete sich immer, bevor der Bauer vom Feld kam.

Das war jetzt vorbei, der Bauer lag nun todkrank im Bett und die Bäuerin musste ihn Tag und Nacht pflegen. Der Arzt stellte die Diagnose, es wird mit ihm dem Ende zu gehen. Auch der Pastor schaute vorbei und gab die Sterbesakramente. Als wenn sich dadurch das Lebenslicht wieder anfachen würde, kam der im Sterben liegende Bauer wieder zu klaren Gedanken. Er rief mit schwacher Stimme nach der Bäuerin und flüsterte: „Ich kann nur in Frieden von dieser Welt gehen, wenn Du mir endlich sagst, ob unser jüngster Sohn von mir ist - und ich möchte noch ein Stück von dem herrlich duftenden Butterkuchen essen, den du gebacken hast."

„Gut" sagte die Bäuerin schon etwas genervt, da das Theater wegen der Vaterschaft schon wieder losging, „unser Jüngster ist von Dir, aber von den anderen vier ist der Vater der Postbote. Außerdem, den Butterkuchen kann ich nicht anschneiden, der ist für den Beerdigungskaffee. Was würde da die Trauergesellschaft denken, wenn ich einen angeschnittenen Kuchen auf den Tisch stelle und vor allem, den eigenen Beerdigungskuchen aufzufressen, ist wirklich das Allerletzte. Nun stirb endlich, dass Ruhe wird!"

Der Bauer war gewohnt, das zu tun, was auch immer seine Frau von ihm verlangte, ein letzter, tiefer Seufzer, er bäumte sich nochmals auf und starb.

Eifersucht

Die dunkle Seite der Liebe ist Eifersucht, ein altes Menschheitsthema, der Stoff, aus dem Dramen und Tragödien entstehen. Wer von ihr geplagt wird, sieht eine Verbindung zu einer anderen Person oder den eigenen Stellenwert gefährdet.

Die Betroffenen erleben eine ganze Bandbreite an Gefühlen, von Selbstzweifel, Angst und Traurigkeit, bis hin zur blanken Wut. Eifersucht lässt Menschen Dinge tun, die ihnen normalerweise nie in den Sinn kämen.

Mich beschäftigte dieses Thema immer wieder, besonders wenn so ein Eifersuchtsdrama in nächster Nähe geschah, musste ich sogar nachts davon träumen.

In Oldenburg, an der Platanenallee, bewohnte Hinrich mit seiner Frau Berta im Parterre eine nett eingerichtete Mietswohnung. Seit neuestem hatte er unter dem Schlafzimmerfenster ein Blumenbeet angelegt. Aber nicht, weil er ein absoluter Blumenfreund und Schöngeist ist, sondern, sollte ein Nebenbuhler aus dem Schlafzimmerfenster springen, wenn er unverhofft nach Hause kommt, er sofort die Spuren im Blumenbeet sehen könnte.

Seit einiger Zeit fuhr Hinrich mit dem Bus von Oldenburg nach Neustadt, wo er in einer Baustoffhandlung als Lagerist arbeitete.

Die Polizei hatte ihm den Führerschein entzogen, als er sich in einem Anfall von Eifersucht betrunken hinter das Steuer setzte, um seiner Frau hinterher zu spionieren. Momentan hatte er den Fahrer von der Post im Focus, denn immer wenn dieser den an der Straße stehenden Postkasten leerte, brachte seine Berta noch schnell einen Brief und sie unterhielt sich sogar mit ihm.

Heute bekam Hinrich nach Dienstschluss eine Mitfahrgelegenheit bei einem Kollegen, denn dieser hatte in Oldenburg etwas zu erledigen. Es war für ihn ein Zeitgewinn von circa einer Stunde. Da entschloss er sich auf ein Feierabendbier in seine Stammkneipe „Fieka und Johanna" am Oldenburger Marktplatz zu gehen. Die Bierkneipe trug immer noch den Namen der ersten Betreiberinnen aus den sechziger Jahren. Auch sonst hatte sich nichts am Ambiente verändert, verschlissene Stühle, abgewetzte Barhocker, ramponierter Holztresen, die Wände schwarz vom Nikotin. Liane, die derzeitige Wirtin, führte die Kneipe auch schon etliche Jahre und kannte somit ihre Stammgäste alle beim Namen.

Hinrich saß nun bei Bier und Korn, wurde aber zusehends unruhig, ihm ging der Postmann nicht aus dem Kopf, so trank er schnell aus und bezahlte. Er eilte zur Wohnung und sah genau in diesem Moment wieder das gleiche Bild: Der

Kerl schloss den Postkasten auf und verstaute die darin befindlichen Briefe in einem grünen Sack. Seine Berta kam mit einer Postkarte in der Hand angelaufen und der „Postler" wartete freundlicherweise auf sie. Hinrich rastete vor Eifersucht aus.

Zwei Stunden später.

Hinrich kam, in der linken Hand einen grünen Leinensack mit einem Posthorn aufgedruckt, völlig verwirrt und kreidebleich in seine Stammkneipe zurück.

Er setzte sich schweigend auf den letzten freien Barhocker. Um diese Zeit war die Kneipe gut besucht und Liane, die Wirtin, hatte viel zu tun, so musste auch Hinrich auf sein Bier und Korn warten. Für Hinrich dauerte es zu lange, wütend schlug er mit dem Leinensack gegen den Holztresen.

Es dröhnte dumpf, als würde sich ein härterer Gegenstand darin befinden, so groß wie ein Kohlkopf. Liane brachte ihm endlich seine Getränke. Er trank hastig das Bier und den Korn und schlug wieder mit dem Sack gegen den Tresen, dass es nur so krachte.

„Hinrich, was ist los mit Dir?" wollte Liane wissen. Er erwiderte, seine Berta hätte ihn mit dem Postboten betrogen.

„Das glaube ich nicht, deine Frau würde so etwas niemals tun" sagte Liane scherzhaft, „dem schneidest Du einfach den Kopf ab, dann ist Ruhe."

„Was denkst Du, was ich hier habe" meinte Hinrich und machte den Sack auf. Liane blickte neugierig hinein und fiel in Ohnmacht, der Sitznachbar musste sich übergeben, als auch er den Inhalt sah. Kein Horrorfilm hätte es besser zeigen können. Es befand sich der abgetrennte Kopf des Postmanns im Sack. Die Haare blutverkrustet, Fleisch und Hautfetzen hingen im Trachealbereich, da wahrscheinlich beim Abtrennen vom Torso der Schnitt zu tief angesetzt wurde und dadurch das Messer im Atlaswirbel stecken blieb.

Mit starren, noch vom Schmerz und Schreck weit geöffneten Augen schaute der Kopf zwischen den vom Blut rot gefärbten Briefen aus dem Sack. Eine grausame Szenerie bot sich dem Betrachter. Die Türe von der Kneipe flog mit einem heftigen Stoß auf und schwarz vermummte Polizisten mit Maschinenpistolen im Anschlag stürmten in den Raum. Handschellen klickten, Hinrich musste sich mit dem Gesicht auf den Boden legen und das noch blutige Messer wurde ihm abgenommen.

Plötzlich ein ohrenbetäubender Knall, ich wachte schweißgebadet auf. Es war Gott sei Dank nur ein Alptraum, wusste aber momentan nicht, wo ich mich befand.

Heute am Mittwoch kommt morgens um sieben Uhr die Müllabfuhr. Die Müllwerker werfen immer mit voller Wucht die Abfalltonnen auf das Pflaster und hatten mich dadurch geweckt. Erleichtert schaute ich auf die Straße und sah, wie eben ein grüner Leinensack mit aufgedrucktem Posthorn in die laufende Trommel des Müllwagens entsorgt wurde.

Ein Mann, ein Wort

Hört sich gut an, wenn ein Mann so einen guten Ruf hat und dazu noch einen Beruf ausübt, der im Volksmund einem Sympathieträger und Glücksbringer zugeordnet wird.

Mit Leidenschaft übte Bertram seinen Beruf als Schornsteinfeger aus. Er war immer pünktlich und sehr gewissenhaft, auf eine Zusage von ihm konnte man sich absolut verlassen: Er war also, ein Mann, ein Wort.

Durch diesen Beruf kam er in viele Haushalte, dadurch wusste er im Ort über alles Bescheid. Er war auch bei der Damenwelt gern gesehen und bei ihnen kein unbeschriebenes Blatt.

Obwohl in einer festen Partnerschaft, mit der Bertram zwei Kinder hat und ein weiteres Kind aus einer vorangegangenen Beziehung, war er zu einem kleinen Seitensprung nicht abgeneigt, wenn sich die Gelegenheit bot.

"Er fege nicht nur den Schornstein", pflegte er dann zu sagen.

Seit neuestem wohnte in seinem Bezirk ein Ehepaar, für das er einen Kaminofen angeschlossen hatte.

Durch die Alimentezahlungen war er meistens klamm bei Kasse und musste ständig Nebentätigkeiten annehmen oder anderweitige Geschäfte machen.

Es hatte sich ergeben, dass er mit dem Ehepaar näheren Kontakt bekam, besonders die Frau rief seine höchste Begeisterung hervor und er war von ihr vollends fasziniert. Er machte von seiner Seite aus auch schon so leichte Annäherungsversuche, aber ohne Erfolg.

An einem Freitag, Bertram kam mit geknicktem Gesichtsausdruck aus der örtlichen Bankfiliale, da sah ihn Albert, der Ehemann seiner stillen Liebe. Dieser wollte nun wissen, warum Bertram so traurig aus der Wäsche schaute. Bertram begann zu berichten, er hätte ein dickes Geschäft an der Angel und könnte ein Motorrad günstig kaufen, geht aber nur mit Bargeld. Es fehlten ihm tausend Euro, die er sofort haben müsste, die Bank zahle erst nächste Woche nach Abwickelung der Formalitäten einen Kleinkredit aus, dieses wäre aber für ihn zu spät. Das Motorrad könnte er gleich mit großem Gewinn weiterverkaufen und dann sofort das Geld zurückgeben.

Albert dachte kurz nach und hatte im Hinterkopf, wenn seine Heizung plötzlich kaputt gehe, würde er jeder Zeit Bertram um Hilfe bitten können und sagte nach dieser stillen Überlegung: „Warte, ich gehe in die Bank, hebe Geld ab und leihe Dir die tausend Euro, wenn Du sie mir am Montag wieder gibst. Noch besser wäre es aber, Du bringst das Geld zu Helga nachhause, denn ich bin jetzt auf dem Weg nach Hamburg und nehme dort über das Wochenende an einem Fortbildungs-Seminar teil."

Als Bertram die tausend Euro von Albert in Empfang nahm, beteuerte er: „Du kannst dich hundertprozentig auf mich verlassen, ich bringe das Geld bei deiner Frau vorbei."

Heute muss wohl Bertrams Glückstag gewesen sein, denn das Geschäft mit dem Motorrad wurde ein voller Erfolg! Er kam so richtig in Feierlaune und holte sich eine Flasche Sekt beim Discounter. Nun noch schnell zu Herberts Frau, ihr die tausend Euro bringen, dachte er bei sich und da kam ihm eine Idee, als er vor der Haustür stand und klingelte.

Wenn Bertram mit Frauen zu tun hatte, konnte er auch ein großer Schlawiner sein.

Die Tür wurde geöffnet und die bessere Hälfte von Albert bat ihn einzutreten. Nach kurzer Begrüßung fragte er Helga, ob Albert im Hause wäre. Bertram wollte auf Nummer sicher gehen, dass er freies Schussfeld hatte. „Nein" antwortete Helga, „er ist in Hamburg auf Lehrgang. Und was gibt's?" kam ihre Gegenfrage.

Die Computereinstellung der Heizung müsste nochmals überprüft werden und er verschwand im Heizungsraum. Nach einer Weile kam er wieder aus dem Heizungsraum und äußerte: „Alles in Ordnung."

Dann sagte er frohgelaunt, ob sie nicht Lust hätte, zur Feier des Tages mit ihm ein Glas Sekt zu trinken, denn er machte heute ein sehr gutes Geschäft. Warum sollte sie nicht, war sie der Meinung und holte zwei Gläser aus dem Schrank und Bertram den Sekt aus dem Auto.

Als sie auf der Couch nebeneinander saßen, rückte er gleich ganz nahe zu ihr und schenkte den Sekt ein. Beim Zuprosten schaute er ihr tief in die Augen und seine linke Hand rutschte wie zufällig auf ihren wohlgeformten Oberschenkel. „So nicht!" rief sie empört und schob die Hand brüskiert beiseite, denn es war ihr völlig klar, was Bertram wollte.

Da fasste er in die Hosentasche und legte tausend Euro auf den Tisch: „ Helga, die gehören Dir, wenn wir ins Schlafzimmer gehen."

Beim Anblick von so viel Geld wurde sie schwach, was könnte sie sich dafür alles kaufen, wo doch ihr Albert so ein Geizkragen ist. Er wäre ja in Hamburg und sie wisse auch nicht, was er da in der Nacht treibe, beschwichtigte sie ihr schlechtes Gewissen.

„Gut" sagte sie und steckte die tausend Euro ein, „es muss aber unter uns bleiben" und sie verschwand mit Bertram im Schlafzimmer.

Albert kam montagabends aus Hamburg vom Lehrgang zurück. Er rief schon im Hausflur: „Schatz, hat Bertram die tausend Euro gebracht, die ich ihm geliehen habe?" Völlig überrumpelt antwortete sie „Ja".

Sehr beeindruckt   äußerte Albert zu Helga: „Siehst Du, auf Bertram ist Verlass, eben ein Mann, ein Wort."

Der Führerschein

Bei Peter Schlauberger herrschte zurzeit eine sehr bedrückte Stimmung. Er war wieder intensiv dabei, für die Wiederholung der Führerscheinprüfung zu lernen. Es stellte sich doch etwas schwieriger für ihn heraus, als gedacht. Von sich selbst sehr überzeugt verlautete er vorab, die Führerscheinprüfung bestünde er mit links. In der Garage stand deshalb seit geraumer Zeit schon ein zugelassener Wagen.

Aber es kam ganz anders als vermutet, denn er fiel schon das zweite Mal bei der Fahrprüfung durch. Der Fahrlehrer verzweifelte schier an diesem Fahrschüler.

Für Peter Schlauberger blieb nichts anderes übrig, als weiterhin Fahrstunden zu nehmen.

Erneut sollte für ihn am 1.4. eine Fahrprüfung stattfinden. Da hatte Peter Schlauberger eine Idee: Er ging zur Tageszeitung und gab eine Anzeige mit folgendem Wortlaut auf:

An alle Verkehrsteilnehmer in unserer Stadt: wenn Ihnen am 1.4. ein rotes Fahrschulauto auf der Straße begegnet, halten Sie bitte genügend Abstand, vermeiden Sie abruptes Bremsen oder Fahrbahnwechsel und im Kreisverkehr die Vorfahrt nicht unbedingt beanspruchen und an die Fußgänger, bitte rücksichtsvolles Überqueren des Zebrastreifens, Sie können auch den Wagen durchwinken.

Die erneute Fahrprüfung wollte er unbedingt bestehen, koste es, was es wolle. Man könnte da noch etwas nachhelfen, denn fast jeder Mensch hat seinen Preis, war er der Meinung. So nahm er dreihundert Euro und steckte sie in ein Kuvert und damit der Prüfer auch mitbekam von wem sie kamen, schrieb er seinen Namen darauf.

Für neun Uhr war die Fahrprüfung anberaumt. Nervös wartend stand er vor der Fahrschule, bis endlich der Fahrlehrer mit dem roten Schulungswagen vorfuhr, wo bereits auf dem rechten Rücksitz der Fahrprüfer saß. Jetzt musste er ihm nur noch das Kuvert unauffällig zukommen lassen. Er öffnete die linke hintere Tür des Wagens, beugte sich weit hinein und ergriff überschwänglich die Hand des Fahrprüfers zur Begrüßung. So ganz nebenbei ließ er das Kuvert auf den Rücksitz gleiten. Geschafft! Zuversichtlich setzte sich Peter Schlauberger jetzt ans Steuer und der Fahrlehrer nahm auf dem Beifahrersitz Platz.

Die Fahrt begann, alles klappte, er machte diesmal keine Bedienungsfehler, wie es bei den zwei vorangegangen Prüfungen passierte, weder mit dem Blinker, der Handbremse, der Kupplung oder mit der Gangschaltung. Aber nun kam die Straßenkreuzung, vor der die meisten Fahrschüler großen Respekt hatten. Der starke Verkehr machte jedem zu schaffen, denn die Ampel sprang in sehr kurzem Interwall um, und zu allem Übel musste man gegen eine Steigung anfahren. Das schafft er nie, dachte der Fahrlehrer, er würgte doch dabei immer den Motor ab. Aber siehe da, die Ampel stand auf grün, auch die Fußgänger benahmen sich gesittet und er konnte zügig über die Kreuzung fahren. Der Prüfer sagte nach einer Weile: „Biegen Sie bei der nächsten Nebenstraße rechts ab."

Ein Blick in den Rückspiegel, Blinker rechts gesetzt, kleine Rechtskurve und schon befanden sie sich im Stadtviertel mit dem Rechts vor Links Verkehr.

Mit dem Auto hier zu fahren wurde nicht zum Vergnügen, ständiges Bremsen, Stoppen, wieder Anfahren, dabei ruckelte der Wagen ständig beim Anfahren, da die Übung und das Gefühl dafür fehlte.

Eine Frau mit Kinderwagen befand sich auf ihrer Fahrbahnseite, sie wollte eben die Straße überqueren. Nur eine Vollbremsung konnte jetzt schlimmeres verhindern und er trat in die Eisen. Der Wagen kam nur knapp einen Meter vor der Frau zum Stehen. Verunsichert setzte er die Fahrt fort. Plötzlich sagte der Prüfer: „Fahren Sie hier auf den Parkstreifen und machen Sie den Motor aus."

Da ist bestimmt etwas danebengegangen, dachte Peter Schlauberger. Er bekam die ärgsten Befürchtungen und erstarrte am Steuer zur Salzsäule, als er den Wagen eingeparkt und den Motor ausgeschaltet hatte.

Der Prüfer sagte nach einer Weile: „Herzlichen Glückwunsch, Sie haben die Fahrprüfung bestanden" und überreichte ihm den Führerschein.

Triumphierend ging er nun nach Hause, in der Gewissheit, alles richtig gemacht zu haben. Auch das mit dem Kuvert war für ihn in Ordnung, sonst hätte er bestimmt die Fahrprüfung nicht bestanden.

Zuhause entkorkte er zur Feier des Tages eine Flasche Wein und legte den Führerschein auf den Tisch, dabei prostete er sich immer wieder, in sich selbstverliebt, zu, bis er die Flasche ausgetrunken hatte. Da klingelte das Telefon, der Fahrlehrer war am Apparat und sagte: „Herr Schlauberger, Sie haben heute bei der Fahrprüfung ein Kuvert im Wagen verloren, Ihr Fahrprüfer hat es gefunden, Sie können es bei mir im Büro abholen."

„Oh, das ist aber nett, ich fahre gleich mit meinem Wagen los, habe ja jetzt den Führerschein."

Er rangierte seinen Wagen mit ein paar kleinen Schwierigkeiten das erste Mal voller Stolz aus der

Garage und fuhr damit zum Büro. Dankbar nahm er vom Fahrlehrer das Kuvert in Empfang und wollte sich sofort wieder auf die Heimfahrt begeben. Welche Überraschung, ein Polizeiauto mit Blaulicht hielt an und stellte sich quer, um ihn an der Weiterfahrt zu hindern.

Die Beamten stiegen aus und traten an Peter Schlaubergers Wagen heran. „Ihren Führerschein und die Fahrzeugpapiere bitte, haben Sie Alkohol getrunken?" stellten sie ihm noch die Frage, „denn Sie sind in Schlangenlinie durch die Stadt gefahren." Ihm fehlten plötzlich die Worte und er antwortete unsicher: „Ja etwas Wein" wie viel wüsste er aber nicht. „Dann blasen Sie mal" und der Polizist entfernte die Zellophan Hülle am Mundstück des Atemalkohol-Prüfgerätes. Das Gerät zeigte nach dem Test 1,1 Promille an. Der Ordnungshüter klärte ihn darüber auf, er wäre nicht mehr Verkehrstüchtig, er müsse den Fahrzeugschlüssel abgeben und sie würden auch den Führerschein einbehalten. „Wir haben doch heute den 1.4., das ist sicher ein Aprilscherz" sagte Peter Schlauberger nun ungläubig zu dem Polizisten. Es war kein Aprilscherz, er bekam sechs Monate Führerscheinentzug, dreihundert Euro Geldstrafe und sieben Punkte in Flensburg im Verkehrs-Zentralregister.

Das Tattoo

„Geiz ist geil", das Motto der heutigen Gesellschaft, ohne Rücksicht auf Natur, Mensch oder Tierwelt. Vieles kann aber damit schief gehen, wie bei dem jungen Paar Babsi und Gérard aus Neustadt. Sie hegten schon lange den Wunsch, auch nach außen hin, optisch ihre Zusammengehörigkeit darzustellen. So entschlossen sie sich für ein gleichlautendes Tattoo in chinesischen Schriftzeichen. Nur leider befand sich im Umkreis ihrer Meinung nach kein günstiger Tätowierer. Als erfahrene Schnäppchenjäger schauten sie ins Internet und tatsächlich, Babsi wurde in einem Tattoo Forum fündig.

„Unglaublich!" kam von ihr ein begeisterter Ausruf. „Schatz, hier ist ein Tätowierer, der nimmt nur die Hälfte von dem, was es bei uns kostet, wohnt aber in Amsterdam." Sie gab die Kontaktadresse in den PC ein und im Display erschien Jan van der Heyden, Tattoo Studio am Albert Cuypmarkt.

„Den kenne ich, der hat seinen Laden gleich neben dem Chinarestaurant" rief Gérard triumphierend. Das Viertel nannte man De Pijp und es war ihm sehr geläufig, denn in den ansässigen Coffeeshops wurden ganz legal alle Sorten von Gras preiswert angeboten. Am Rande bemerkt, De Pijp ist ein Viertel in Amsterdam, das zum größten Teil von einem bunten Völkergemisch und Studenten bewohnt wird, den pulsierenden Mittelpunkt bildet darin der Albert Cuypmarkt. In den kleinen Nebenstraßen findet man eine große Auswahl von ethnischen Restaurants, die kulinarisch keine Wünsche offen lassen.

Gérard schlug mit leuchtenden Augen vor: „Wir fahren nach Amsterdam, hätte mal wieder richtig Bock auf etwas Dop, und lassen uns so nebenbei tätowieren." Es passte gerade und die Beiden fuhren am nächsten Wochenende nach Amsterdam, um ihren Vorsatz zu verwirklichen.

Ohne Schwierigkeiten fanden sie das Studio von Jan van der Heyden. Jan sprach sehr gut Deutsch und wie in dieser Szene üblich, war man gleich beim freundschaftlichen „Du" angekommen. Sie äußerten ihren Wunsch, beide wollten auf den Unterarm in chinesischen Schriftzeichen „In ewiger Liebe und Treue" tätowiert haben. „Kein Problem" sagte Jan und zeigte ihnen ein in Leder gebundenes Heft mit dem Aufdruck „Mandarin" und fügte ergänzend hinzu „habe zufällig den Text mit den chinesischen Schriftzeichen hier."

Da zweimal das gleiche Motiv anstand, war es selbstverständlich, nochmals ein paar Euros herunterzuhandeln. Für Jan waren die zwei

Tattoos eine Kleinigkeit und auch schnell vollendet.

Als Gérard die Rechnung bezahlte, sah Babsi ein Bild an der Wand, es stellte einen Adler mit ausgebreiteten Schwingen dar. Neugierig geworden fragte sie, was dieses Tattoo kosten würde und Jan nannte für deutsche Verhältnisse einen spottbilligen Preis. Spontan sagte sie zu Gérard, für den Adler sei auch noch Platz, so etwas von symbolischer Freiheit wollte sie schon immer auf ihrer Haut. Gesagt, getan, Jan tätowierte ihr den Adler rechtsseitig auf die Pobacke, außerhalb der Bikinizone. Die Adlertätowierung war schon eine andere Nummer und viel peinvoller, als die vorangegangenen Schriftzeichen.

Das Tätowiergerät hörte sich an wie eine Nähmaschine, wenn die Nadel Babsis Haut traktierte. Um den Schmerz etwas zu kompensieren, hatte Jan immer einen Witz parat.

Es kam ein verletzter Seemann ins Krankenhaus, begann er vielversprechend, selbst schmunzelnd über die Pointe. Nur mit Engelsnachthemd bekleidet lag er nun im Krankenbett und bekam von der Schwester in Abständen eine schmerzstillende Spritze.

Dabei bemerkte sie, der Seelord hatte auf seinem besten Stück Adam eintätowiert und erzählte es ihren Kolleginnen. Eine davon wurde sehr

73

neugierig und kündigte an, die nächste anstehende Spritze bekäme er von ihr. Als sie dem besagten Patienten die weitere Injektion verabreicht hatte und ins Schwesternzimmer zurückkam, klärte sie die Anwesenden auf: „Das ist nicht war, der hat gar nicht Adam eintätowiert, das heißt Amsterdam." Babsi musste trotz ihrer Schmerzen hellauf lachen, sie hatte ja Phantasie.

Der Adler war jetzt fertig und sie hopste unbeholfen, mit bis zu den Knien heruntergelassenen Jeans vor den Spiegel, um das Kunstwerk auf ihrer Pobacke zu bewundern. „Was ist das?" rief sie entsetzt, „der Adler sieht wie eine dicke, fette Gans aus!"

„Das ist immer so" sagte Jan beruhigend, „momentan ist alles noch angeschwollen; außerdem, für den Preis kannst Du damit zufrieden sein."

„Jetzt ist aber Schluss" rief Gérard, wegen des langen Wartens ungeduldig, „ich habe Hunger und wir gehen rüber zum Chinesen." Im Mandarin angekommen nahmen sie Platz, die Ärmel hochgekrempelt, um ihr frisches Tattoo zu zeigen und widmeten sich der in Leder gebundenen Speisekarte.

Ein freundlicher, chinesischer Kellner kam zum Tisch, dabei blickte er lächelnd auf die Tätowierungen von den Beiden und sagte: „Hat

Jan von nebenan gemacht." „Wieso, sieht man das?" wurde Babsi neugierig. Er antwortete mit dem für Chinesen typischen Akzent auf Deutsch.

„Jan wollte in chinesischen Schriftzeichen die weisen Zitate von Konfuzius haben, sie sollten zehn Euro kosten, hat nicht bezahlt, er ist geizig und hat sich dann unsere Speisekarte ausgeliehen."

„Was bedeutet dieses Tattoo, was wir hier haben?" und sie streckten ihre Arme dem Chinamann entgegen.

Der hielt die Speisekarte mit den chinesischen Schriftzeichen zum Vergleich daneben und erklärte: „Sehen Sie, das erste heißt „Frühlingsrolle", das zweite „Hühnersuppe mit Nudeln", das dritte „Schweinefleisch süßsauer"."

„Mist" schrien sie im Duett, „uns ist der Hunger vergangen" und rannten wutentbrannt zum Tattoo Studio. Das hatte aber schon geschlossen und ein Schild an der Tür mit der Aufschrift „Betriebsferien".

Die Gaffer

In München feierte man das alljährliche Oktoberfest. Die Besucher strömten auf die Theresienwiese. Davon kam der größte Teil mit den öffentlichen Verkehrsmitteln, um dann nach einem kleinen Fußmarsch durch die St.-Paul-Straße an den Osteingang zu gelangen.

Auch ein älteres Ehepaar befand sich auf dem Weg zum Oktoberfest. Da sahen sie einen riesigen Haufen am Fahrbahnrand. Die Frau sagte empört zu ihrem Mann: „So etwas auf der Straße, man müsste es anzeigen." Nun begutachtete ihr Ehemann das Gebilde und stellte laut fest: „Das waren mit Sicherheit zwei gewesen" und wiederholte sich mehrmals. Es blieben einige Passanten stehen, um zu sehen, über was sich das Ehepaar so aufregte. Die Ehefrau wollte jetzt von den umstehenden Personen eine Bestätigung für ihre Empörung bekommen und fuchtelte dabei wild mit einer Hand in der Luft, mit der anderen auf den Haufen deutend und äußerte: „Was denken denn die ausländischen Gäste von uns, wenn die so etwas sehen."

Immer mehr Leute hielten an, es waren jetzt so um die fünfzig, die sensationshungrig auf den Haufen schauten. Dieser war trotz seiner beachtlichen Größe, filigran, irgendwie kunstvoll, so "modern Art" mäßig, wie zufällig aufgebaut, glänzend, mit runden Bestandteilen.

Es entbrannte eine leidenschaftliche Diskussion bei den umstehenden Personen. Die Kunstbeflissenen sahen eine plastische Darstellung oder vermuteten darin eine künstlerische Aktion und die müsste unbedingt vor der Zerstörung durch den Autoverkehr geschützt werden. Sie begannen mit Handzeichen die Autos umzuleiten, was zur Folge hatte, dass sich eine Menschenansammlung um den Ort des Geschehens bildete. Väter mit ihren Sprösslingen auf den Schultern drängelten sich vor. Dahinter eine Mutter mit zwei Mädchen an ihrer Hand rief wütend: „Sie Drängler, rücksichtslos, Unverschämtheit, meine Kinder möchten auch etwas sehen." Plötzlich stoppte ein Reisebus, die Bustür schwang auf und eine Gruppe japanischer Touristen stürmte laut schnatternd, mit Fotoapparate auf die gaffende Menschenmenge zu und stellte sich zum Gruppenfoto auf, natürlich mit dem Haufen in der Mitte als Attraktion.

Die Straße war jetzt blockiert, kein Durchkommen mehr möglich. Mehrere Polizeiautos mit Blaulicht fuhren vor und versuchten das Verkehrschaos zu ordnen.

Die Polizisten forderten alle Autofahrer zum Weiterfahren auf. Da rief völlig verzweifelt eine große hagere Frau in grüner Strickkleidung, sie harrte schon die ganze Zeit beschützend am Haufen aus: „Wenn die Autos darüberfahren, wird das Kunstwerk vernichtet und ist für die Nachwelt für immer verloren."

„Hören Sie mal gut zu" erwiderte einer der Ordnungshüter, „das ist hier kein Kunstwerk, sondern die Hinterlassenschaft von einem Brauereipferd. Sie können die Pferdeäpfel von mir aus mit nach Hause nehmen und ihre Wohnung damit dekorieren." An die Gafferhorde gewandt, rief er „Wer möchte, darf sich an den Pferdeäpfeln bedienen, ansonsten gehen Sie weiter."

Das Phänomen „Gaffen" treibt leider seltsame Blüten in unserer Gesellschaft und macht vor nichts Halt.

Kindersicherung

Es fängt in der Wohnung an, mit all den Elektrogeräten, den ätzenden Reinigungsmitteln oder anderweitigen scharfen Werkzeugen. Diese verletzungsträchtigen Dinge gehören nicht in Kinderhände. Auch das Fernsehgerät spielt dabei eine große Rolle, denn die lieben Kleinen schauen sich in Abwesenheit der Eltern Sendungen an, die bestimmt nicht für ihr Alter geeignet sind.

Der Gesetzgeber hat es schon richtig verordnet, unsere lieben Kinder müssen vor allen drohenden Gefahren des Alltags geschützt werden.

Dieses ist aber leichter gesagt als getan und wird für die Erwachsenen in manchen Fällen zur großen Herausforderung.

Meine Frau und ich wohnten seit einem knappen Jahr in einer großen Apartmentanlage in Neustadt, direkt am Hafen. Wir lernten die Mitbewohner langsam vom Sehen kennen. Mit einem Ehepaar, sie waren stolze Eltern von einem aufgeweckten fünfjährigen Jungen und einer siebenjährigen Tochter, hatten wir uns sogar etwas angefreundet. Eines Tages baten sie uns, ob wir nicht so nett sein könnten, bei ihnen einzuhüten, denn sie haben am kommenden Samstag ihren achtjährigen Hochzeitstag und wollten gerne nach Lübeck ins Theater gehen.

Wir hatten uns zufällig an diesem Wochenende nichts vorgenommen und auch keine anderweitigen Verabredungen, so sagten wir zu. Einzige Einschränkung war, meine Frau wollte die TV Sendung "Schlagerfestival" mit Florian Silbereisen sehen. „Kein Problem" sagte das Ehepaar, „hier ist die Fernbedienung" und ich bekam eine Kurzeinweisung auf diesem Gerät. Sie baten uns noch, ihre Kinder um 21 Uhr ins Bett zu bringen. Ansonsten, alles was im Kühlschrank ist, stünde uns auch zur Verfügung und sie würden in etwa um Mitternacht wieder nachhause kommen. „Das ist schon in Ordnung" antwortete ich, wir gingen am Wochenende immer etwas später zu Bett, weil um diese Zeit im Fernsehen die spannenden Filme gesendet würden. Wir wünschten den jungen Eltern noch einen schönen Abend und verabschiedeten uns von ihnen.

Für die Kinder war es natürlich etwas aufregend und neu. Ich wollte mich von meiner besten Seite zeigen und kündigte an, ich werde für die Kinder Eierpfannkuchen mit Apfelmus machen. Eins musste der Neid den jungen Leuten lassen, sie besaßen eine super moderne Küche, mit allen Elektrogeräten auf dem neuesten Stand.

In einer Schüssel rührte ich den Teig für die Eierkuchen an, auch eine geeignete Pfanne für die Induktionsstrom Herdplatte war schnell gefunden.

Nun kam die Schwierigkeit: Wie bekomme ich diesen Herd an? Ich drückte alle Knöpfe – nichts; mir schwante schon, da ist eine Kindersicherung vorhanden. Das Mädchen beobachtete mich und kicherte: „Schau Onkel, da musst Du viermal die Null eingeben" und tatsächlich, die Pfanne wurde heiß. Als wir die Eierkuchen gegessen hatten, war es Zeit für die Musiksendung. Wir setzten uns zusammen auf die Couch und wie gewohnt drückte ich den Knopf links oben an der TV Fernbedienung für „ON". Auf dem Bildschirm erschien ein Hinweis, die Kindersicherung müsste deaktiviert werden.

Ich drückte viermal die Null und bestätigte, es geschah nichts, auch nach mehrmaligen Wiederholungen. Meine Frau wurde schon unruhig, sie wollte doch ihre Lieblingssendung nicht verpassen.

Zerknirscht sagte ich: „Kriege die Kindersicherung nicht ausgeschaltet. Wie es aussieht, musst Du zuhause den Florian Silbereisen sehen, ich bleibe solange bei den Kindern." Da nahm der kleine Steppke die Fernbedienung, tippte mit seinen kleinen Fingerchen flink darauf herum und schwupp hatten wir unsere Sendung auf dem Bildschirm. Er deutete noch auf drei Zahlen an der Fernbedienung und sagte: „Mein Papa drückt immer hier drauf wenn Mutti schon schläft und guckt Nackedeis." Heilfroh, dass es mit dem

Fernsehen doch noch geklappt hatte, mussten wir jetzt zusammen lachen, vor allem über das, was der Kleine eben über seinen Papa ausgeplappert hatte.

Das Ehepaar kam so gegen 1 Uhr beschwingt und gut gelaunt aus Lübeck zurück. Sie stellten natürlich sofort die Frage, ob die Kinder artig waren. „Sehr" sagten wir, „wir brachten sie kurz nach neun zu Bett", verschwiegen aber, dass wir Schwierigkeiten mit der Bedienung von den Haushaltsgeräten hatten und ohne Hilfe von den Kindern nicht damit klar gekommen wären.

Am nächsten Tag stand das Ehepaar mit einem Strauß Blumen und einer Flasche Wein vor unserer Tür und bedankte sich nochmals.

Zufall oder Vorsehung

Die Idylle und Harmonie bei Hans und Ella wurde nur dadurch getrübt, dass ihr gemeinsamer Kinderwunsch nicht in Erfüllung gehen wollte. Sie hegte schon länger den Verdacht, dass es an Hans liegen könnte, mochte ihn aber damit nicht konfrontieren. Ihre biologische Uhr tickte, sie war deswegen auch zu allen möglichen Maßnahmen bereit.

Im Frühling, wie jedes Jahr um diese Zeit, meldete sich der Schornsteinfeger zur Überprüfung der Heizung an. Er war ein netter, charmanter und auch sehr zugänglicher junger Mann. Hans war zur Arbeit, sie war alleine zu Hause, so lud sie ihn nach getaner Arbeit noch zu einer Tasse Kaffee ein. Die Schornsteinfeger bringen auch Glück, wie man im Volksmund so schön sagt.

Zwei Monate später: Hans kam von der Arbeit nach Hause. Ella hatte den Tisch festlich gedeckt und sein Leibgericht gekocht. „Was ist los?" wollte er nun wissen und bekam von ihr zur Antwort: „Ich war beim Frauenarzt, Hans, ich bin schwanger!" „Mein Liebes, ich habe es schon immer gewusst, einmal wird es klappen" rief Hans hocherfreut und umarmte sie.

Die Schwangerschaft verlief ganz normal, nur die Geburt wurde etwas komplizierter.

Der kleine Junge wollte nicht auf die Welt kommen, als wüsste er, was ihn hier erwartet. Man holte ihn per Kaiserschnitt in sein Schicksal.

Der kleine Lukas entwickelte sich körperlich ganz normal, nur merkwürdig war, dass er nie ein Wort sprach. Die Ärzte stellten fest, das Kind sei hochintelligent, leide aber an Autismus. Ella und Hans hatten sich damit abgefunden, sie liebten ihren Jungen abgöttisch. Zum vierten Geburtstag von Lukas luden sie Oma und Opa ein. Die Familie saß bei Kaffee und Kuchen und Lukas spielte mit seinen Geburtstagsgeschenken. Plötzlich schaute er auf, sah alle Anwesenden an und sagte laut „Opa".

Es war für sie wie ein Wunder, Lukas hatte das erste Mal gesprochen und „Opa" gesagt.

Plötzlich fasste sich Opa ans Herz, er sackte röchelnd auf der Couch zusammen. Der herbeigerufene Notarzt konnte nur noch seinen Tod feststellen.

Die Beisetzung fand nach vier Tagen statt. Nach der Beerdigung traf sich anschließend die Verwandtschaft im naheliegenden Gasthaus gegenüber vom Friedhof zum Mittagessen. Auch Lukas war dabei. Er saß in seinem Kinderstühlchen mit Blick zur Straße.

Da lief eine schwarze Katze auf dem Bürgersteig und er rief ganz laut „ Katze". Alle Anwesenden schauten auf ihn und sahen dann auch die Katze.

Das Tier wollte auf die andere Straßenseite wechseln. Ein Auto näherte sich mit hoher Geschwindigkeit und fuhr sie tot.

Lukas Vater kam ins Grübeln, sein Sohn hatte bis jetzt nur zwei Worte gesprochen und immer war danach etwas Schlimmes passiert.

Im Sommer, es war Grillzeit, luden Hans und Ella Freunde und Verwandte ein. Auch Peter, der Bruder von Ella, war dabei. Sie saßen alle gut gelaunt am Tisch. Der kleine Lukas hatte ein Würstchen in der Hand und deutete damit auf seinen Onkel. Mit vollem Mund sagte er „Onkel Peter". Es fiel nicht weiter auf, dass Lukas seinen Onkel beim Namen nannte, nur sein Vater wurde hellhörig.

Die gesellige Runde hatte noch Appetit und Hans wollte noch eine Lage Grillfleisch auflegen. Die Glut war schon ziemlich klein, es musste wieder Holzkohle nachgelegt werden.

Dieses übernahm sein Schwager Peter. Damit die Holzkohle schneller anbrannte, goss er Spiritus in die Glut. Muss wohl etwas zu viel gewesen sein, denn es gab eine verheerende Verpuffung.

Der Schwager wälzte sich mit brennender Kleidung und schreiend vor Schmerz auf dem Boden. Er kam mit schwersten Verbrennungen im Gesicht und an den Händen ins Krankenhaus. Nach zwei Wochen starb er, aber nicht an den Brandverletzungen, sondern durch eine nosokomiale Infektion, oder schlicht gesagt, Krankenhauskeime.

Die Zeit verstrich, bei Lukas hatte sich nichts verändert, er schwieg weiterhin, zeigte aber seit neuestem ein großes Interesse an Zahlen.

Für Lukas wurde es das größte Vergnügen, wenn die Waschmaschine in Betrieb war. Er konnte stundenlang zusehen, es sah aus, als würde er die Umdrehungen der Trommel mitzählen. Eines Tages sagte er „Waschmaschine" zu seiner Mutter. Fünf Minuten später gab es einen Kurzschluss, der E-Motor war durchgebrannt.

Hans hatte es mal wieder eilig, er kam sehr schlecht morgens aus dem Bett. Ella machte Frühstück, auch Lukas war schon in der Küche. Im Stehen noch einen Schlückchen Kaffee, kleines Abschiedsküsschen für seine Frau. Beim Rausgehen streichelte Hans über Lukas Kopf und murmelte „tschüss mein Kleiner". Da sagt Lukas unerwartet: „Papa".

Ein Schreck vom Kopf bis zur Fußspitze schoss Hans durch den Körper, sein Sohn hatte ihn mit Papa angesprochen. Er bekam ganz weiche Knie, bis dato war immer etwas passiert, wenn Lukas etwas beim Namen nannte. Ganz vorsichtig ging er aus der Tür. Seine Fahrweise im Straßenverkehr änderte er schlagartig. Ganz langsam schlich er mit dem Auto durch die Straßen.

Mit ungutem Gefühl kam er am Abend von der Arbeit nachhause.

Es war alles so anders, es roch nicht nach Essen, das Haus war unaufgeräumt. Er rief nach Ella. Im Haus blieb es still, sie gab keine Antwort. Da sah er sie im Schlafzimmer auf dem Bett liegend, neben ihr Lukas, und sie weinte herzerweichend.

„Ella, was ist geschehen" wollte Hans jetzt wissen und er setzte sich zu ihr auf die Bettkante. Schluchzend antwortete sie: „Der Schornsteinfeger ist bei uns heute vom Dach gefallen, er brach sich das Genick und war sofort tot."

Hans bedauerte natürlich dieses Unglück, es kam ihm aber jetzt ein Verdacht auf, weil seine Ella sonst auch nicht so mitfühlend bei fremden Menschen war. Vor allem aber hatte Lukas am Morgen „Papa" gesagt und der Schornsteinfeger ist jetzt tot.

Das Geständnis

Der Tisch war liebevoll gedeckt, aus der Küche duftete es nach Braten.

Ramona S. hatte ihrem Sohn Robert, der im zweiten Jahr eine Lehre als Hair–Stylist in einem sehr exklusiven Friseursalon in der Stadt absolviert, sein Lieblingsessen gekocht. Wie jedes Jahr zum Geburtstag gab es Rinderrouladen, Kartoffelpüree, Rotkohl und zum Nachtisch Schokoladenpudding.

Heute wurde er siebzehn Jahre alt, für eine allein erziehende Mutter eine lange Zeit, in der sie immer für den gemeinsamen Lebensunterhalt sorgte und trotzdem dem Jungen alle Fürsorge zukommen ließ. Robert wusste dieses auch zu schätzen und war dadurch seiner Mutter sehr verbunden.

Nun kam er von der Arbeit und freute sich auf sein Lieblingsessen. Die Mutter tischte auf und sie begannen zu speisen. Ein Tischgespräch wollte nicht so richtig in Gange kommen, Robert druckste herum, bis Ramona sagte: „Was ist los mit dir, verschweigst du mir etwas?" Robert nahm erneut Anlauf und sagte: „Mutter, ich muss dir ein Geständnis machen, ich bin schwul."

„Da sagst du mir nichts Neues, das habe ich schon länger bemerkt. Keine Anrufe von Mädchen, oder Verabredungen mit Freundinnen, nur Jungenfoto in deinem Zimmer. Mach dir nichts daraus, es gibt so viele nette schwule Männer, da bleibst du bestimmt nicht alleine und findest auch noch den richtigen Partner." Bei so viel Verständnis für einander bekamen beide Tränen in die Augen und umarmten sich.

„Robert, jetzt musst du stark sein, auch ich muss dir ein Geständnis machen." Ramona holte tief Luft und begann aus der Vergangenheit ihres Lebens zu erzählen.

„Zuerst, ich bin nicht deine Mutter." Robert fiel, als er einen Bissen zum Mund führen wollte, vor Überraschung das Besteck aus der Hand. Leichenblass sagte er: „Also bin ich adoptiert, jetzt weiß ich auch, warum mein Vater sich noch nie um mich gekümmert hat."

„Im Gegenteil, es verhält sich völlig anders, wie gesagt, ich bin nicht deine Mutter, ich bin dein Vater" äußerte Ramona sichtlich berührt. „Wie soll das denn gehen?" wollte Robert ungläubig nun wissen. „Ganz einfach, ich fühlte mich schon immer weiblich, aber steckte im Körper eines Mannes und habe mich nach deiner Geburt zur Frau um operieren lassen. So wurde aus Roman, Ramona."

„Was ist denn mit meiner Mutter geschehen?" stellte Robert nun weitere Fragen an sie.

Das ist eine komplizierte Geschichte und sie begann zu berichten:

„Als ich damals deine Mutter kennenlernte, waren die Leute noch nicht so weit wie heute aufgeklärt, geschweige denn tolerant. Wir lebten in einer Kommune mit mehreren gleich-geschlechtlichen Paaren zusammen. Deine Mutter war mit einer Frau liiert, wollte aber unbedingt ein Kind. Ich stellte mich als Samenspender zur Verfügung und wir schafften es irgendwie, dass sie schwanger wurde. Als du dann geboren wurdest, war es der Freundin deiner Mutter zu viel geworden, sie fühlte sich durch das Kind zurückgesetzt und wurde eifersüchtig. Deine Mutter entschied sich für die Freundin. Da ließ ich mich um operieren und wurde deine Mutter."

Ehe für alle

Die Bundesrepublik Deutschland hat es nun endlich 2017 geschafft, den Lesben und Schwulen zu ermöglichen, eine vor dem Gesetz verbindliche Ehe eingehen zu können. Natürlich sollen sie heiraten dürfen, die Lesben und die Schwulen, mit allen Rechten und Pflichten, was wiederum die Scheidungsanwälte freuen wird. Ein schlampiger Zustand weniger in unserer Gesellschaft, möchte man sagen und es wirft die Frage auf: Bekommen wir dadurch etwas mehr Gerechtigkeit? Keineswegs, es macht die Minderheiten neidig, die schüchtern in ihren Nischen hocken und verschämt wegen ihres Andersseins still vor sich hin leiden.

Wo bleiben da die Bisexuellen, möchten die vielleicht mit einem Mann und einer Frau zugleich verheiratet sein, um eine Ehe zu dritt führen zu können?

Auch die katholische Kirche sollte umdenken und das Zölibat abschaffen. Ein verheirateter Pfarrer ist allemal besser dran, der braucht sich dann bei einem Pornofilm nicht mehr selbst zu befriedigen, wenn es über ihn kommt - und wenn er schwul ist, kann er unter anderem einen seiner gleich gepolten Kollegen heiraten.

Wie sieht es mit der Polygamie aus, ein Mann mit mehreren Frauen, er dürfte sie alle heiraten, aber eine kann schon zum Alptraum werden.

Die Polyandrie ist das krasse Gegenteil, wie in Tibet und bei der Hindubevölkerung in ländlichen Regionen praktiziert. Die Frau geht eine Ehe mit mehreren Männern ein, in der Regel sind es Brüder. Es darf da keine Eifersucht ins Spiel kommen, niemand weiß, wer von denen Vater wird, wenn sie ein Kind erwartet.

Auch die Mehrfach- oder Massen-Ehe müsste dann ermöglicht werden, wie es unsere Vorfahren in der Steinzeit praktizierten, so zu sagen als Vorreiter der modernen Gesellschaft.

Am meisten bemitleiden oder sogar bewundern müsste man die Ehen, in denen die Ehepartner im Cicisbeismus zusammen leben. Jeder gibt dem Anderen viel Freiheit und duldet nebenher noch einen Partner.

Die ganz ängstlichen heiraten nie, leben nur so in einer Lebensgemeinschaft zusammen, was Probleme in gewisser Hinsicht auch nicht verhindert.

Aber da gibt es auch Typen, die haben den Ehrgeiz, mit den meisten Ehen in das Guinness-Buch der Rekorde zu kommen. Vor Jahren lag ein Amerikaner mit 23 Ehen weit vorne.

Ganz anders in Tokio, da heiratete eine Japanerin im weißen Hochzeitskleid sich selbst. Man wird schon etwas neugierig, wie sich deren Hochzeitsnacht gestaltete. Hoffentlich bleibt sie sich selber treu und macht keinen Seitensprung mit einem fremden Dildo, denn eine Scheidung wegen Untreue würde schwierig werden.

In Texas lebt ein junger Mann mit seinem Auto in einer Liebesbeziehung. Er polierte und streichelte es fortwährend, hatte sogar schon damit Sex, wie er verlautete. Der muss verdammt aufpassen, dass er sich nicht sein bestes Stück im Auspuff verbrennt, eventuell bei einer heißen Nummer. Was soll so etwas, werden die Menschen jetzt verrückt?

Ach übrigens, habe ich es schon erwähnt: Es gibt noch die monogame Ehe.

Diese altmodische Form des Zusammenlebens, in der Regel Mann und Frau, heiraten, bekommen Kinder und führen ein Leben lang eine Ehe.

Wer zuletzt lacht

Seit geraumer Zeit beobachtete der Klassenlehrer von Heinz Pontius, wie dieser von seinen Mitschülern auf dem Pausenhof gemobbt wurde. Er konnte nicht verstehen, dass Heinz sich so etwas gefallen lässt, wo er doch zu den aufgeweckten Schülern von der siebten Klasse in der Hauptschule gehörte.

Sie hielten ihm eine Euromünze und ein fünfzig Cent Stück entgegen, er konnte die Münze behalten, die er nahm. Der Witz war, Heinz griff immer nach der fünfzig Cent Münze und das fanden alle so blöd. Sogar Handys wurden gezückt und sie fotografierten, wie beschränkt der Heinz war. Er hatte schnell den Spitznamen weg „der beschränkte Heinz" und jeder der Schüler wollte natürlich, um" In" zu sein, dieses Foto auf dem eigenen Handy haben. Bald war er bekannt wie ein bunter Hund, da einige das Foto ins Internet stellten. Seine Mitschüler krümmten sich jedes Mal vor Lachen, wenn sie ihn mit den Münzen auf den Arm nahmen. Er langte wie gewohnt immer nach der fünfzig Cent Münze. Es entstand schon ein gewisser Vorführeffekt, denn wildfremde Jugendliche erkannten ihn, sie hatten das Foto auf ihrem PC heruntergeladen und wollten jetzt wissen, ob es stimmte, dass der

Junge so blöd war und immer nur die fünfzig Cent nahm und nicht den Euro.

Wieder einmal auf dem Pausenhof.

Heinz umringten viele Schüler, das gleiche Spiel mit den Münzen. Dem Klassenlehrer platzte der Kragen: „So ein Mobbing lasse ich auf dieser Schule nicht zu!" und er rief Heinz zu sich ins Lehrerzimmer.

„Heinz" sagte der Lehrer, „was ist los mit dir, du bist doch sonst nicht so dumm, warum nimmst du nicht den Euro, deine Klassenkameraden lachen sich doch über dich kaputt."

Heinz antwortete nach einer Denkpause: „Herr Lehrer, wenn ich den Euro nehme, ist mein Geschäft schlagartig beendet und so bekomme ich bis zu zwanzig Euro am Tag zusammen. Ich brauche dafür nur ein dummes Gesicht zu machen."

Am Rande bemerkt, Heinz machte seinen Hauptschulabschluss, begann aber nie eine Lehre oder Ausbildung.

Er wurde Pokerspieler und gewann 2011 als einer der jüngsten Spieler bei der World Series of Poker in Las Vegas 8. 715. 368 Dollar.

Er besitzt heute eine Villa in Florida am Strand, mit eigenem Bootssteg, daran vertäut eine 30 m Luxusyacht, diverse Sportwagen und ein dickes Bankkonto.

Fazit: Es gehört eine große Portion Intelligenz dazu, den Beschränkten zu mimen, um dann am Schluss doch am besten zu lachen.

Intelligenz

Wir bedürfen keiner der vielen unterschiedlichen Glaubensrichtungen und deren oftmals fanatischen Verfechtern oder eine selbstherrliche Obrigkeit, wenn es nur eine Kraft gäbe, die des Gewissens, gepaart mit Intelligenz.

Die Intelligenz ist wohl in der Lage, die Fehler der Vergangenheit zu analysieren, aber ohne Gewissen nicht stark genug für die Zukunft, die schizophrene Selbstzerstörung der Menschheit zu stoppen.

Intelligenz ist eine Gabe, die nicht jeden schmückt, im Gegenteil, sie kann sogar verdammt unbeliebt und hässlich machen.

Die Intelligenz einer Person wird immer an der Dummheit seiner Mitmenschen gemessen, dabei kann ein Dummer schon als intelligent gelten, der unter Vollidioten lebt.

Die Zeitgenossen, die ständig durch Besserwisserei, oder, „Ich bin dagegen, weil die Mehrheit dafür ist", sind die Unangenehmsten.

Und wenn die von sich eingenommenen und arroganten Intelligenten anfangen, sich zu artikulieren, ist das oftmals so lästig wie Fußpilz.

Die Frage ist, ist Intelligenz ein Segen, macht es das Leben glücklicher, begreifbarer mit all ihren Perversitäten und Grausamkeiten? Auch mit dem Wissen, dass am Ende der eigene Körper in eine verwesende, stinkende Masse verwandelt wird und sich alles in ein Nichts auflösen wird.

Die Intelligenz leidet durch dieses Wissen, ein geistig zurückgebliebener Mensch lebt weitaus glücklicher, durch sein Unwissen.

Auch mit bescheidener Intelligenz kann das Dasein unendlich schön sein.

Wohl dem, der damit so unbedarft lebt!

Gesichter im Bus nach Winterhude

Hamburg, Rathausmarkt, Bushaltestelle - ich stieg in den Gelenkbus 109 nach Winterhude.

Habe ich es schon verlauten lassen? Ich saß nun im Bus, am dem Platz mit dem Rücken in Fahrtrichtung, direkt hinter dem Busfahrer, nicht bequem, aber immerhin.

Die Menschen im Bus vor mir, sie verloren plötzlich ihre Körper, bestanden nur noch aus Gesichtern. Ich lernte plötzlich, in deren Gesichtern zu lesen. Es ging anfänglich zwar noch etwas schlecht, reichte aber, konnte sie einschätzen.

Die Menschen im Bus, mit ihren Gesichtern, wie viele haben sie, wie viele tragen sie. Der Busfahrer trägt sein Busfahrergesicht, das private Gesicht lies er zuhause, er hat es nicht mit, der Gute, er fährt mit dem Busfahrergesicht die vielen anderen Gesichter nach Winterhude.

Es sitzen viele Menschen im Bus, aber noch viel mehr Gesichter, denn jeder hat mehrere Gesichter dabei. Nun wirft sich die Frage auf, weil sie mehrere Gesichter haben, was tun sie mit ihren falschen Gesichtern. Sie heben sie auf, für später, ihre Kinder sollen sie tragen.

Aber es kommt auch vor, dass Gesichter Schweineköpfen ähnlich sind, was dann? Weshalb auch nicht, Gesicht ist Gesicht, besser als ein Nichtgesicht. Ein Nichtgesicht schaut dich an, mit leerem Blick, fast vorwurfsvoll, Du bist als Mensch nicht existent.

Dein freundliches Gesicht spiegelt sich nie in einem Nichtgesicht. Es starrt an Dir vorbei, auf einen Fleck, oder in den Dreck.

Die Gesichter der Schwangeren im Bus, von ihren Kopftüchern fast bedeckt, sie lächeln nie, senken betreten ihren Blick, es muss so sein, sie dürfen nichts anderes.

Ein junger Mensch mit Down Syndrom, wo kam der plötzlich her, mit einem freundlichen, lächelnden, ehrlichen Gesicht. Er hat nur eins, er hat keines um zu lügen, der Arme. Ist es vielleicht eines der wenigen wahren Gesichter von einem lieben, aufrichtigen Menschen im Bus gewesen?

Es stiegen immer mehr Personen in den Bus, aber die Leere in deren Gesichtern begann mich zu langweilen. Ich begann in der Phantasie, die Gesichter von den Köpfen zu reißen, wollte erkunden, wissen und sehen, was sich dahinter verbirgt. War es Arroganz, Hochmut, Geldgier, Machthunger, Lüge, Betrug oder sogar ein Gutmensch?

Es kostete mich eine unbeschreibliche Anstrengung, nicht zu schauen, was ich ihnen abgerissen hatte. Ich konnte sie fühlen, die hohle Form, die Leere. Mir graute, ein Gesicht von innen zu sehen und was sich dahinter verbirgt.

Aber noch schrecklicher ist ein bloßer Kopf ohne Gesicht.

Haltestelle Winterhuder Markt - ich steige aus, ich befreie mich, lasse mein Stadtgesicht im Bus zurück, habe noch mein Landgesicht, zum Glück!

Dult im Kopf

Die guten Gedanken hatten eigentlich den Vortritt,
sie wurden aber verdrängt von den Schlechten.
Es sind die schrecklichen Gedanken, Angst einen lieben Menschen zu verlieren, Depressionen, Versagen, Einsamkeit, es sind die Schreckgespenster – aus der Geisterbahn im Kopf.

Es ist Dult im Kopf,
fürchterliche Gedanken, sie kreisen nun, wie in einem Kettenkarussell, im Kopf herum.
Aber nicht zum Vergnügen – sie verursachen Schwindel, sie trüben den Blick. Jede Entscheidung wird zur Achterbahn, für Hoffnung, Glaube, Selbstvertrauen, für das Lebensglück.

Es ist Dult im Kopf,
man sieht es, man fühlt es,
was gewesen ist, was geschehen ist,
schreckliches, gemeines, böses.
Die schlechten Gedanken,
sie werden alle von den Marktschreiern
in die Menschenmenge gebrüllt.
Das Mobbing wird beginnen.
Jeder soll es hören, ich muss sie loswerden,
in meinem Kopf ihr Graffiti zerstören.
Heute ist die Gelegenheit, ich bin bereit.

Es ist Dult im Kopf,
ich kann mich befreien, ich schmeiße die unguten
Gedanken   vor den   Autoskooter, sie werden
donnernd überfahren.
Ein paar werden es überleben.

Es ist Dult im Kopf,
ich habe mich befreit, es ist vollbracht.
Ich freue mich wieder
auf eine glückliche Zeit mit Dir,
auf Zuckerwatte, gebrannte Mandeln,
Bratwurst und ein Bier,
ich glaube, die guten Gedanken sind wieder bei
mir.
Zum Glück, auf zu einem neuen Leben.

Dasein

Fragen an dich selbst,
gibt man dir genügend Raum,
um dich zu entfalten,
oder lässt du dich einfach so begrenzen.
Wird dein Leben verwaltet,
oder bestimmst du es selbst.

Ist dein Leben jeden Tag, aus deiner eigenen
Hand.
Lebst du aus zweiter Hand.
Bist du auch du selbst oder lebst du die Anderen
nach.

Besitzt du etwas, was deine Freunde nicht haben,
bist du bereit, etwas von dir mit ihnen zu teilen,-
oder etwas von deinem Leben zu verleihen.
Gehst du das Risiko ein.

Stellen deine Freunde in der Gesellschaft etwas
dar, was du auch gerne sein möchtest.
Sind sie deshalb deine selbsternannten Freunde.
Gibt dir dein Leben so die Zufriedenheit,
macht es dir damit Freude.

Bist du so mit dir selbst glücklich, - und mit dem,
was du in deinem Leben geschaffen hast.

Solltest du es verneinen, es ist nie zu spät für ein neues Ziel.

Oder denkst du, das neue Ziel ist zu weit entfernt. Auch ein langer Weg beginnt mit dem ersten Schritt.

Dasein, es zwingt dich immer wieder auf's Neue, auch über einen steinigen und schattigen Weg durchs Leben zu gehen.

Kurzgeschichte über Time is Money

Benjamin Fränklin sagte 1748 „Time is Money",
als Richtweisung für junge Kauflaute.
Lange Geschichten benötigen Zeit, aber Zeit
kostet bekanntlich Geld. Dann lieber hier eine
kleine Kurzgeschichte.
Ohne Geld leben, aber mit viel Zeit. Was Nun?
Wenn jemand kein Geld mehr besitzt und dann
erst anfängt zu sparen, von was will er etwas
sparen, er hat ja nichts.
Es ist der klägliche Versuch, ohne Geld durch die
Zeit zu kommen,- er wird scheitern.
Besitzt jemand viel Geld und hat dadurch keine
Zeit, kann er keine Zeit einsparen, es bleibt für
ihn keine Zeit übrig.
Was macht er dann mit dem vielen Geld?
Er kauft von denen Zeit, die davon zuviel
besitzen, bis die selbst keine Zeit mehr haben.
Jetzt müssen die sich Zeit kaufen,- von dem mit
dem vielen Geld, aber zu einem enorm höheren
Preis.
Die Zeit wird immer knapper und teuerer, es ist
der Kreislauf von Zeit und Geld. Der Irrsinn
beginnt, der Kreislauf wird immer schneller, bis
er sich selbst zerstört. Auf der Strecke bleibt eine
unserer größten Kostbarkeiten auf Erden, die
gemeinsame Lebenszeit.

Abschied - aber die Erinnerung bleibt

Abschied ist ein scharfes Schwert, es hinterlässt oftmals tiefe, schmerzhafte Wunden in der Seele. Von jedem, der mit dir durchs Leben schritt, bleibt eine Spur an deinem Herzen hängen und du nimmst am Gewand ein Stäubchen mit, von den Wegen, die du mit ihm gegangen bist.

Wie ein Segelschiff, das sich vor dem Sturm verneigt, um nicht zu zerbrechen, haderten wir mit unserem Schicksal und waren bereit für jeden Kompromiss. Aller Vorsicht zum Trotz sind wir doch auf jene Untiefen aufgelaufen, die unter der Wasseroberfläche in der Fahrrinne unseres Lebens sich verbergen.

Nichts läuft nach unserer Bestimmung, oft wendet sich das Blatt, zeigt andere Wege, alle Wünsche verlieren an Priorität. Die Nichterfüllung wird zu einem bitteren Abschied von der eigenen Lebensplanung und zur größten Enttäuschung. Man fühlt sich dabei wie die unglücklichste Kreatur auf dieser Welt und fragt, hat das Glück von mir Abschied genommen.

Das Leben gestaltet sich oftmals zum Karneval auf einem Narrenschiff, umgeben von selbstherrlichen Egoisten, bei denen jede stumme Geste nach etwas Rücksicht und Menschlichkeit untergeht.

Es gibt kein perfektes oder makelloses Leben. Die vielen beschämenden Momente und Brüche in uns selbst kennen wir alle zur Genüge.

Es sind immer die Erinnerungen daran noch vorhanden, und werden zum großen Geheimnis unseres Daseins.

Es gelingt kein Abschied oder Vergessen davon, sie leben in uns, wir beherrschen sie nicht. Wir können nicht einmal bestimmen, an was wir uns, geschweige denn Andere, erinnern oder vergessen sollen.

Schöne Erinnerungen werden in der Obhut unserer Seele bewahrt und es kehren versunkene, längst vergessene Augenblicke wieder. Vornehmlich sich an Schönes zu erinnern, ist eine Gnade der Schöpfung, wir begegnen ihr meistens im Schlaf, in der Halle unserer Träume. Es ist das einzige Paradies, von dem wir zu Lebzeiten keinen Abschied nehmen müssen.

Die Zeit schleicht sich wie ein Dieb in alle Leben, stiehlt die schönsten Jahre, lässt es altern und drängelt unaufhaltsam, zu unserem eigenen Abschied, auf die Bahre von Gevatter Tod.

Mit ihm sollte man sich arrangieren, ihn zu verdrängen wäre fatal. Zum Trost, ob arm oder wohlhabend, bei ihm sind alle Menschen gleich.

Ein weiser Mann sagte, ein reicher Mensch stirbt mit Tränen in den Augen, ein Besitzloser lächelt beim Abschied ins Jenseits dem Tod entgegen.

Der Abschied von einem geliebten Menschen hinterlässt das Gefühl des Verlassenseins, der Einsamkeit.

Es ist wie ein Fußmarsch in einen dunklen Tunnel, aber das Leben zwingt, trotz der Dunkelheit, alle Hindernisse zu überwinden und weiter zu gehen. Am Ende scheint irgendwann wieder die Sonne.

Autor: Werner Kopp

* 1941 Regensburg
° Verheiratet, 1 Sohn
° **Stationen**
  Schulzeit: Bayern / Olching
  Gastronomiefachmann: München/
  Rottach – Egern / Hamburg
  Zivilangestellter: US Army / Regensburg
° **Seefahrt**
  Steward: North German Lloyd/
  MS „Berlin" / TS „Bremen"
  Deutsche Fährschiffe :
  FS „Deutschland" / FS „Karl Carsten"
° **Aufenthalte und Lebensräume**
  Deutschland / Bayern
  Dänemark
  USA- New York
  Karibik
  Insel Fehmarn
  Heiligenhafen
  Neustadt in Holstein

  Coverfoto: Volker Westphal